探索奥秘世界百科丛书

探索远逝文明奥秘

谢宇　主编

花山文艺出版社

河北·石家庄

图书在版编目（CIP）数据

探索远逝文明奥秘 / 谢宇主编. — 石家庄 ：花山
文艺出版社，2012（2022.3重印）
（探索奥秘世界百科丛书）
ISBN 978-7-5511-0673-3

Ⅰ．①探… Ⅱ．①谢… Ⅲ．①世界史－文化史－青年
读物②世界史－文化史－少年读物 Ⅳ．①K103-49

中国版本图书馆CIP数据核字(2012)第248719号

丛 书 名：探索奥秘世界百科丛书
书 　　名：探索远逝文明奥秘
主 　　编：谢　宇

责任编辑：尹志秀　甘宇栋
封面设计：袁　野
美术编辑：胡彤亮
出版发行：花山文艺出版社（邮政编码：050061）
　　　　　（河北省石家庄市友谊北大街 330号）

销售热线：0311-88643221
传 　　真：0311-88643234
印 　　刷：北京一鑫印务有限责任公司
经 　　销：新华书店
开 　　本：700×1000　1/16
印 　　张：10
字 　　数：150千字
版 　　次：2013年1月第1版
　　　　　 2022年3月第2次印刷
书 　　号：ISBN 978-7-5511-0673-3
定 　　价：38.00元

前　言

　　我们生活的世界，是个十分有趣、错综复杂而又充满神秘的世界。然而，正是这样一个奇妙无比的世界，为我们提供了一个领略无穷奥秘的机会，更为我们提供了一个永无止境的探索空间……

　　在浩瀚的宇宙中，蕴藏着包罗万象的无穷奥秘；在我们生活的地球上，存在着众多扑朔迷离的奇异现象；在千变万化的自然界中，存在着种种奇异的超自然现象。所有的这些，都笼罩在一种神秘的气氛中，令人费解。直到今天，人们依旧不能完全揭开这些未知奥秘的神秘面纱。也正因如此，科学家们以及具有旺盛求知欲的爱好者对这些未知的奥秘有着浓厚的探索兴趣。每一个疑问都激发人们探索的力量，每一步探索都使人类的智慧得以提升。

　　为了更好地激发青少年朋友们的求知欲，最大程度地满足青少年朋友的好奇心，最大限度地拓宽青少年朋友的视野，我们特意编写了这套"探索奥秘世界百科"丛书，丛书分为《探索中华历史奥秘》《探索世界历史奥秘》《探索巨额宝藏奥秘》《探索考古发掘奥秘》《探索地理发现奥秘》《探索远逝文明奥秘》《探索外星文明奥秘》《探索人类发展奥秘》《探索无穷宇宙奥秘》《探索神奇自然奥秘》十册，丛书将自然之谜、神秘宝藏、宇宙奥秘、考古谜团等方面最经典的奥秘以及未解谜团一一呈现在青少年朋友们的面前。并从科学的角度出发，将所有扑朔迷离的神秘现象娓娓道来，与青少年朋友们一起畅游瑰丽多姿的奥秘世界，一起探索令人费解的科学疑云。

　　丛书对世界上一些尚未破解的神秘现象产生的原理进行了生动的剖析，揭示出谜团背后隐藏的玄机；讲述了人类探索这些奥秘的进程，尚存的种种疑惑以及各种大胆的推测。有些内容现在已经有了科学的解释，有些内容尚待进一步研究。相信随着科学技术的不断发展，随着人类对地球、外星文明探索的进展，相关的未解之谜将会一个个被揭开，这也是丛书编写者以及广大读者们的共同心愿。

　　丛书集知识性、趣味性于一体，能够使青少年读者在领略大量未知神奇现象的同时，正确了解和认识我们生活的这个世界，能够启迪智慧、开阔视野、增长知识，激发科学探寻的热情和挑战自我的勇气！让广大青少年读者学习更加丰富全面的课外知识，掌握开启未知世界的智慧之门！

　　朋友们，现在，就让我们翻开书，一起去探索世界的无穷奥秘吧！

编者
2012年8月

目　录

中华姓氏起源之谜

芸芸众生，以姓名区分彼此。中国人的祖先姓氏从何而来，其中又有哪些不为人知的隐秘呢？

汉高祖刘邦与西楚霸王项羽楚汉战争时期，娄敬能言善辩，心思缜密，为刘邦出了不少力。刘邦在夺得江山后，与朝臣们商议建都大事。大臣们不愿意抛家舍业，离故太远，于是都建议刘邦建都洛阳，只有娄敬力排众议，建议刘邦要以江山为重，应建都长安，以扼天下形势之咽喉。刘邦认为娄敬所言正确，便采纳了娄敬的建议，决定建都长安，而且还要赏赐一片忠心的娄敬。当刘邦笑着问娄敬想要什么赐物时，娄敬曰："臣欲刘姓。"刘邦龙颜大悦，特赐娄敬改姓刘，改名"刘敬"，刘敬也大喜。

姓氏是人的血统渊源的标志，

中国漫长的封建宗法制传统，决定了中国人对自己的血统特别看重，上边的故事中娄敬宁可不要千金赐物，也要一个皇室姓氏，也说明了娄敬把姓氏看得比什么都重要。中国人的姓氏繁多，仅《百家姓》已不足包容所有了。那么，这么多的姓氏，是从何而来呢？在中国古代的一些书籍中，自黄帝时期便有了姓氏的记载。而研究姓氏学问的著作也很多，宋代郑樵在《通志·氏族略》中，将姓氏的来源归纳了三十二类之众。姓名由两部分组成：姓在前，名在后。姓有单姓、复姓之分；名则为一字或两字即可。姓一般随父，名则可任意取。现在，人一出生就取名，然后将其姓名注册在户籍上，如同渴了要喝水，饿了要吃饭一样，顺理成章，成为"例行公事"。然而，在古代的中国，这个简单的姓名就复杂多了，蕴含了深厚的文化内涵。它与社会的等级结构紧密关联，突出地表现着门第观念、宗法观念。姓不能随意姓，名也不能随意取。甚至出现了"有姓有名""有氏有名""有名无氏""无姓有名""有姓无名""数字为名"的奇怪现象。

古代，姓是一种族号。它是血统的标志，家族的徽章。有姓的人，都是贵族。

姓是怎样产生的呢？

姓与古代的图腾崇拜有关。古代的氏族部落都是以血缘关系组成的。这些氏族认为自己起源于某种动物或植物，于是就崇拜它，这就是"图腾"。图腾，就是这个氏族的姓。如：熊、马、牛、龙、梅、林等。因此说，姓是全族共有的符号标志，也是全家族的族号。如周代初期分封诸侯时，那些诸侯国君，大部分都姓姬。不是姬姓家族的人，根本不许姓姬。

周礼还规定，"同姓不通婚"。

因此说，当时的"姓"也用于"别婚姻"。

氏是姓的分支。氏和姓有着严格区别。

氏是怎样产生的呢？

随着同姓贵族后世子孙的繁衍，居住地区也日益分散，同姓的氏族便出现了不同的分支，于是每个分支又各有称号作标志，这个分支的称号就是"氏"。如，姬是周代祖先的姓，后来姬姓下面又分为孟氏、季氏、孙氏、游氏等。

这个"氏"别贵贱。

贵者，有氏有名。

贱者，有名无氏。

因为贵贱之势变幻无定，所以，"氏"是可变的，而且变化很大。如春秋时楚国的伍子胥，原来以"伍"为氏，但他在吴国被杀后，他的儿子逃到了齐国，由贵到贱，改为"王孙"氏了。

氏因变化频繁，其来源也就复杂了。

以官名为氏：史、司马、司空、司徒……

以先人别号为氏：唐、夏、殷……

以封地为氏：鲁、宋、卫……

以先人谥号为氏：庄、武、

穆、宣……

以居住地名为氏：郭、池……

以从事职业为氏：陶、屠、巫、卜……

这许许多多的"氏"，发展到后来，实际上也就成了今天我们所说的"姓"了。

先秦时期，男子称氏者居多。以商鞅为例，曾称其为"公孙鞅""卫鞅""商鞅"。

"公孙鞅"：因其祖有公爵，以"公孙"为氏。

"卫鞅"：他原为卫国人，入秦之后以国名为氏。

"商鞅"：他因助秦孝公变法，被封于商邑，又以商为氏。

周代女子多称姓，不称氏。以晋公子重耳娶的三个妻子为例：

姓氏文化是中国的传统文化之一，《百家姓》为其代表作之一，图为赵姓

娶齐女，称"姜"氏；娶秦女，称"怀嬴"；娶狄女，称"季隗"。这里的"姜""嬴""隗"都是姓。之所以不称氏，是因"同姓不通婚"。男子的姓不辨自明，而娶妇必辨其姓。

到了汉代，姓氏逐渐合一，任何人都可以有姓，姓也就没有了贵贱之分。

古代不论按分封、按宗法、按贵贱，有姓的人，都有名，有氏的人，也有名。而普通平民是"有名无姓"的。例如，先秦的"庖丁""公输般""优孟"等人都是平民百姓，因此，他们只有名。如："庖丁""庖"是他的职业，厨师，名"丁""庖丁"即"叫作丁的厨师"。

"鲁班""鲁"是所在国名，名"班""鲁班"即"名为班的鲁国人"。

"优孟""优"是演员，"孟"是名字，"优孟"即"名为孟的演员"。

除姓名之外，古人还常常有"字"和"号"。先秦时期，名与字连着称呼时，通常是先称字，后称名。

如孔子的父亲，人称"叔梁"纥，其实他既不姓叔，也不姓梁。他姓"孔"，名"纥"，字"叔梁"。

此外，名与字在称呼时，还能体现出尊卑、长幼的区别。"称人以字，自称以名"是谦称的规范。即，称长者、尊者只能称字，不能称名；称卑者、幼者或自称可称名。

中国历史上，取名还有一个特例：元朝规定，庶民无职者不许取名。这样一来，许多平民，特别是穷苦百姓只好以数字作为自己存在的符号了。如：明太祖朱元璋出身贫苦，他就原名为"重八"，其父为"五四"；名将汤和的曾祖叫"五一"，祖父叫"六一"，父亲叫"七一"。

在名字上的等级何其森严！

然而，当元朝衰败，各地起义军揭竿而起的时候，那些成千上万没有名字的"无名氏"，则成了元朝统治者的掘墓人！

中华姓氏的发展轨迹，见证了历史的进步！

湘君性别之谜

◉ ◉ ◉ ◉ ◉ ◉ ◉

《湘君》《湘夫人》是屈原《九歌》中的姊妹篇。屈原在这两首诗里，以丰富的想象塑造了湘水之神的形象，表现了神的儿女之情，艺术风格清新凄艳、幽渺情深，被认为是《九歌》里写得最美的诗章，也是中国诗歌园地中罕见的并蒂奇葩。

湘君和湘夫人究竟是谁？湘君是男神还是女神？在历史上，伴随着美好的神话传说，人们对此有不同的说法。一派认为湘君是女神。例如，朱熹、洪兴祖认为湘君、湘夫人就是娥皇和女英，他们是帝

湘君、湘夫人为神话传说中的湘水之神，而他们的性别却是谜

尧的两个女儿，后来嫁给舜，为舜的二妃。舜南巡死于苍梧之野，二妃追至湘江，自投湖水而死，遂为"湘水之神"。舜之二妃娥皇、女英同为湘水之神，那么为什么一称君，一称夫人呢？洪兴祖解释说：娥皇是正妃所以称"君"，女英次之所以只好称"夫人"。总之，娥皇是尧的长女，湘君是湘水的正神，她是女神。这种说法更早的根据是汉代刘向的《列女传》。《列女传》说湘君、湘夫人就是舜的二妃，湘君从那时起就成了女神。

在认为湘君是女神的这一派说法中，对于湘君究竟是谁，另有两种不同的看法。一种认为湘君、湘夫人是舜的两个女儿宵明与烛光，她们是舜的第三个妃子癸比所生。舜死之后，宵明与烛光随她们的母亲癸比迁徙到潇湘，后死于此，遂为湘水之神。女英则死于商州，故

湘君、湘夫人是宵明、烛光，而不是娥皇、女英。也有人认为湘君、湘夫人是天帝的二女，是《列仙传》所称作"江妃"的二女，既不是舜妃，也不是舜女。

还有一派则认为湘君是男神，湘夫人是女神。他们说屈原《湘君》《湘夫人》两篇诗，明明是男女互念之词。舜死于苍梧，二妃死于湘江之间，地有间隔，宜其相念，故湘君应是指舜，湘夫人指二妃。在主张湘君是男神的一派中，王逸、郭璞认为，湘君是湘水的神，湘夫人就是他的夫人。王逸、郭璞的说法对后世影响最大，近人多主张湘君是男神，湘夫人是女神，他们是配偶神，《湘君》《湘夫人》两首诗就是期待对方却会合无缘而产生的深切思慕和哀怨的心情。

孟姜女哭长城之谜

◉◉◉◉◉◉◉◉◉◉

孟姜女哭长城是中国古代著名的民间传说之一。据说，在秦始皇统治时期，有一对新婚夫妇，男的叫范杞梁，女的叫孟姜女。结婚刚三天，范杞梁就被征去修筑长城，不久因饥寒和劳累而死去。孟姜女历尽艰辛，万里寻夫到长城，得知丈夫已死，痛哭三日三夜，哭倒了长城八百里。后来，山海关被指定为"孟姜女哭长城"之地，在那里盖起了"孟姜女庙"。这个故事流传至今已有两千多年了。

有人认为，孟姜女哭长城的故事，纯属虚构。因为山海关所存的长城是秦朝以后才筑起的，而秦始皇所筑长城距山海关北去数百里。历史上有过哭倒城墙的记载，但故事发生的时间比秦统一六国要早得多，因此和秦始皇根本"风马牛不相及"。

考证史籍，"哭城"一事首见于《左传》：春秋初期齐庄公时（前794～前781年在位），齐国人杞梁在攻莒（今山东莒县）战役中阵亡。杞梁没有儿子，他的妻子无依无靠，扑在杞梁的尸体上，在城下痛哭，哭了十天十夜，城墙也崩塌了。这大概就是"孟姜女哭长城"的原始资料了。其后，西汉刘向在《说苑》《列女传》中又增加了杞梁的妻子连哭十日后，"赴淄水而死"的细节。晋人崔豹《古今注》一书的记载，内容与《左传》大体相似。但上述各书中并没有指明杞梁姓范，更没有出现过"孟姜女"的名字。直至敦煌石窟发现唐朝曲子词，才见到最早记载孟姜女送寒衣赴长城，为"孟姜女哭长城"的故事增添了"送寒衣"的情节。

唐末《杞梁妻》一诗，说杞梁妻为秦国人，她去长城哭吊丈夫，"一号城崩塞色苦，再号杞梁骨出土"。到了宋代，被广为流传的杞梁开始有了姓，不过说法不一，有说姓范，有说姓万，有说叫杞郎的，还有说叫喜良的。南宋郑樵曰："杞梁之妻，于经传所言者，数十言耳，彼则演成万千言……"（《通志·乐略》）看来"孟姜女哭长城"是由"杞梁妻哭城"演变而来的，而故事的最后形成大致是在北宋年间。

宋代以后，孟姜女的故事被编成评词话本，谱成歌曲杂弹，"孟姜女庙"里一时香火不断，前来立碑献匾、拜庙赋诗的上自皇帝，下至仕宦，孟姜女随之成为"贞烈女神"，被列入"二十四孝"的第十一孝，神化成"七仙女下凡"。

万里长城巍峨雄伟

明代中叶，各地盛行为孟姜女立庙之风。

孟姜女的故事经历了两千多年的流传和演变，其故事本身内容差异，说法不一，如何看待这一故事，则更众说纷纭，莫衷一是。

有的说，孟姜女哭长城是根据历代时势和风俗地不断变化而变更的。战国时，齐都中盛行哭调，杞梁战死而妻迎柩便是悲剧的材料。西汉时，盛行天人感应之说，杞妻的哭城便成了崩城和坏山的感应。六朝、隋唐间，乐府中有送衣之曲，于是又增加了送寒衣的内容。可见它的故事是顺应了文化演变而迁流，承受各时各地的时势和风俗而改变，凭借了民众的情感和想象而发展的。

但也有人否定孟姜女即《左传》中的"杞梁之妻"。有的认为在封建社会的中国，战事连绵，民不聊生，哭夫的题材十分常见，《左传》中也不无记载，因此单凭哭夫这一论据，不能令人信服。有的说，好端端的长城，竟然被一位妇女哭塌了城墙，未免流于荒诞。再说，把齐国的孟姜捏造成秦的

孟姜女，把攻打莒城改为修筑长城，是有意往秦始皇身上栽赃。

对于孟姜女哭长城故事的意义及其评价，人们也有过争论。有的认为，作为民间故事，孟姜女哭长城反映了人民对沉重徭役的反抗精神，是秦始皇"为政不仁"的历史见证。可笑的是，在"文化大革命"中，孟姜女哭长城也被列入"大批判专栏"，说这个故事是为了欺骗和煽动老百姓来骂秦始皇，名为"孟姜女庙"，实为儒家招魂庙；名为表彰孟姜女"贞德节烈"，实为攻击秦始皇"暴虐无道"，并说孟姜女哭长城的故事，完全是孔孟之徒出于尊儒反法的需要而编造的。这种移花接木、张冠李戴的捏造，实在令人啼笑皆非。

两千多年来，孟姜女哭长城的传说以故事、歌谣、戏曲等多种形式流传于中国广大地区，并为外国学术界所瞩目。顾颉刚先生于20世纪20年代发表的著名学术著作——《孟姜女故事研究》，则是一部搜集了大量文献资料，见解成熟，体系完整的论著。

《山海经》谜中探谜

　　距今两千多年前，中国出现了一部集天下山川、民俗风物及神话传说于一炉的奇书，叫《山海经》。这部书共18卷，分《山经》和《海经》两部分。《山经》以五方山川为纲，记叙了古史、草木、鸟兽、神话、宗教等资料，包罗万象；《海经》记叙地理方位，外国异人的状貌和风格，怪诞离奇。在中国，千百年来一直有专家学者在考证它，如今，在日、美、俄、韩等国，也有它的专门研究者。

　　《山海经》为什么这样受人关注？它到底是一部什么性质的书呢？说法不一。

　　有人说它是"地理书"，因为它以古代中国为中心，记载了东达太平洋，南至南海诸岛，西抵西南亚，北到西伯利亚的550座山、300道水和40多个古代国家，提供了极为丰富的地理资料。

　　有人说它是"方伎书"，把它归于阴阳五行类。指它根据实物的外形、方位，能判别贵贱吉凶。

　　有人说它是"小说神话书"，根据是，该书的内容都是街谈巷议、道听途说、轶闻琐事。著名作家茅盾先生赞它为"神话总集"。

　　鲁迅先生在《中国小说史略》中说："《山海经》……所载祠神之物多用糈（精米），与巫术合，盖古之巫书也。"在中国古代（外国也是）巫的地位很高，极受尊敬。巫被认为是介于人和神、鬼之间最有知识、最有文化的。说《山海经》是巫书，有三点能作为确凿的证据：

　　其一，《山海经》收集的山

川资料极为丰富，是巫必须熟知的常识。因为古代帝王极为重视对山川的祭祀。祭祀的仪式由专门的巫师承担。然而，对山川的名称、特产、主司神祇等都能在《山海经》中找到答案。

也有地上的神，如山神、土地，还有君王的历史、谱系等。因为古代巫史不分家，这些神话传说也必须是巫师烂熟于心的。

其二，《山海经》中记载了天上的神，如玉皇大帝、王母娘娘，

其三，《山海经》中记载了祈祷天地，驱除鬼神的手段和治病疗疾的一些方法。因为古代巫医不分家，掌握这些知识也是必需的。

《山海经》书影

如此看来，《山海经》还是有它的价值的。

首先，它有极大的文学、美学价值。《山海经》中有大量的神话传说，如"夸父追日""嫦娥奔月""精卫填海""女娲补天"等，塑造了许多优美的文学形象，世世代代流传，为后世文学的发展提供了丰富的营养。想象之丰富，描绘之离奇，情节之生动曲折，令人赞叹不绝。

其次，它有极大的史料价值。它记叙的历史、地理等资料，虽然与实际的人和事未准确对上号，但对山川地质物产的记叙确实非常精确、详尽，为后代的科学研究提供了大量线索。另外，使今人对古代中原地区诸部落的杂居、征战、互相吞并的大致情况，有个清晰的轮廓，也是难得的宝贵材料。

那么，这样一部奇书、宝书，它的作者是谁呢？

关于《山海经》的作者，从西汉至今的千百年来，一直众说纷纭。

西汉刘歆在《上山海经表》中说："《山海经》者，出于唐虞之际……禹别九州，任土作贡，而益等类物善恶，著《山海经》。"认为《山海经》是大禹和伯益所作，肯定该书有明确的作者，时间也非常之明确。

宋代大学者朱熹认为《山海经》的作者是"战国好奇之士"，说《山海经》并非独自创作，而是根据《天问》《穆天子传》《竹书纪年》等书所记的事物加以夸张描写的。不能肯定作者是谁，但肯定了大致成书年代。

近代有很多学者同意上述观点，并考证出，在战国时期的《鲁语》《晋语》《庄子》《周书王会》《楚辞》《吕氏春秋》等书中，都引用过《山海经》的内容。

更多的学者持与上述不同的观点，认为《山海经》是由民间口头文学流传而来，从荒蛮的远古，人们口耳相传，一代一代在流传的过程中不断演变增益，最后才见诸文字。成书约在战国之前，成书后仍有后人修订。因此，说它是某一时代某一个人所著都是不科学的。

由于《山海经》描绘了一些异国情调的海外风物，又引起了海外学者的遐想。

有人认为《山海经》中有长耳、奇股、三足等怪人形象，与希腊神话中的怪物相似，因此，它有可能来源于希腊。

有人认为，它的怪物图像与印度婆罗门教的怪神图像相似。据此推断，《山海经》的作者是墨子的学生随巢子（印度人），他把由印度到中国的沿途风物与婆罗门教神话糅合所作。

还有人认为，《山海经》是阿拉伯半岛的地理书。它的作者是古代巴比伦人，战国时由波斯带到中国，辗转笔录而成。

尤为有趣的是，有一位美国学者亨利埃特·默茨居然不畏艰险，跋山涉水徒步进行实地考察，竟发现书中所记与实际地形完全吻合，肯定了这段路程是从北美洲到南美洲的山山水水。为此，她把这一发现绘成地图，并著有《几近退色的记录》一书。

这真是谜外有谜，妙趣横生了。

孔子出生之谜

在绵延几千年的中国封建社会中，儒家思想成为统治阶级的传统思想，作为儒家思想创始人的孔丘，被捧到令人吃惊的高度，加上各种各样的头衔，罩上一层又一层的光圈。而关于孔丘的出生情况，也成了一个引人注目的问题。

现今一般通史书上，对孔丘的出生皆语焉不详。如范文澜《中国通史》第一册仅载："孔子名丘，字仲尼，鲁国曲阜人。先世是宋国贵族，曾祖父逃难到鲁国。父叔梁纥，曾做鲁陬邑宰。……孔子生于前552年，卒于前479年，年七十三岁。"其他通史著作，如翦伯赞《中国史纲要》也大致如是，有的甚至更为简略。关于孔子的出生，从各种史料记载看来，大致有以下几种说法：

一、"野合"说。司马迁《史记·孔子世家》："孔子生鲁昌平乡陬邑，……伯夏生叔梁纥。纥与颜氏女野合而生孔子。"对于"野合"，唐朝人做过一个解释，认为这是叔梁纥年老而孔子母亲颜徵在年少，两人的结合不符合礼仪。如司马贞《史记索隐》便说："今此云野合者，盖谓梁纥老而徵在少，非当壮室初笄之礼，故云野合，谓不合礼仪。"

二、祈祷而生说。这是一种颇具神话色彩的说法。说孔子的父亲和母亲祈祷于尼丘山，感受黑龙的精灵而生孔子。此说见于东汉郑玄《礼记·檀弓正义》所引《论语撰考谶》："叔梁纥与徵在祷尼丘山，感黑龙之精以生仲尼。"在今天看来，此种说法的荒谬是显而易见的。

三、梦生说。这种说法和第二种相似，也是一种带有迷信色彩的荒诞之说，且同样见于谶纬书中。这从一个侧面反映出两汉的今文经学家的政治观点。他们为了把孔子尊奉为神，在他的出生问题上也要加进许多神秘的东西，显得与凡人不同，似乎唯有如此，孔子才能成为他们心目中的"圣人"。《春秋演孔图》记载说："孔子母徵在梦感黑帝而生，故曰玄圣。"又说，"孔子母颜氏徵在游太冢之陂，睡梦感黑帝使请己，已往，梦口语曰：'汝乳必于空桑之中。'觉则若感，生丘于空桑之中。"这种荒诞的说法，把孔子说成是其母梦感黑帝神而生，实在可说是玄虚至极。当原始宗教还未被消灭的时候，一位伟大人物的诞生，自然有许多附会的神话，这是不足为奇的。上述第二、三种说法正反映了这种情况。

孔子，是中国古代伟大的思想家、教育家，在中国文化史上有着重要地位。如何坚持历史唯物主义的原则，对孔子的出生之谜做科学的研究，尚有待于人们今后的努力。

万岁起源之谜

"万岁"这两个字是中国人非常熟悉的称呼。两千多年来，"万岁"之声在中国的历史文化氛围中，可谓是声震寰宇，不绝于耳。这个在中国社会心理结构中被神化了的"万岁"，在封建社会里，主要是皇帝的代名词，是一种与最高统治者画等号的威仪，是中国封建专制主义在形式上的一种表现。这个至尊的"万岁"称谓是何时产生的，又是怎样演变的呢？

宋代高承的《事物纪原》曰："万岁，考古逮周，未有此礼。"张淏的《云谷杂纪》则说："万岁之称不知起于何代，商周以前不复可考。"确实，在中国西周以前的古代文献中，"万岁"一词未曾出现过，而其他与该词相关的词语的意义，也不是我们后来所理解的那样。如在西周中、晚期的金文中，可见有"眉寿无疆""万年无疆""万寿"这类词语。有人认为，这些词语不是专对天子的赞颂，而是一种行文款式，凡是铸造青铜鼎的人都可用，它只是传之子孙后代，永远私有的意思。如这些金文有"眉寿周邦，是保其万年无疆，子子孙孙，永保永享""乙公作万寿尊鼎，子子孙孙永宝永之""唯黄孙子系君叔单自作鼎，其万年无疆，子孙永宝享"等。有人还认为，《诗经》中的"万寿无疆"等词也不同于后人对帝王的称呼，是描写年终时人们在举行欢庆仪式后，举杯痛饮时发出的欢呼。而《小雅·南山有台》里的"万寿无期"与"万寿无疆"则是见兴比赋，是诗人对宾客的祝福语。自战国开始，"万岁"一词屡屡出现于文献和人们的口中。这时的"万岁"是一种怎样的称呼呢？宋代张淏的《云谷杂纪》和清代赵翼的《陔余丛考》均有专条论述，并罗列了不少材料。据《云谷杂纪》所叙："《吕氏春秋》宋康王饮酒，室中有呼'万岁'者，堂上悉应。《战国策》冯谖烧债券，民称'万岁'。蔺相如奉璧入秦，秦王大喜，左右皆呼'万岁'。《韩非子》曰：巫祝之祝人曰：使若千秋'万岁'，'万岁'之声聒耳。……"张淏指出，这里的"万岁"是"庆贺之际，上下通称之，初无禁制，不知自何时始专为君上之祝也"。人们一般认为，自战国到汉初，"万岁"主要有两层意思，其一即如上述的表示庆贺、欢呼之情时所用，其二则是代表死的讳称。如《史记·高祖纪》十二年："吾虽都关中，'万岁'后吾魂魄犹乐思沛。"《汉书·翟方进传》云："万岁之期，近慎朝暮。"颜师古注曰："万岁之期，谓死也。"

那么，"万岁"一词何时才被赋予神圣的尊严，成为帝王的代称呢？有人认为，秦汉以后，臣民们才开始直呼至尊无上的皇帝为"万岁"。它始于汉高祖刘邦。如刘邦临朝时，"殿上群臣皆呼万岁"。（《史记·高祖本纪》）为了显示出"万岁"这种称呼的至尊地位，与之相辅的一套礼仪在刘邦时形成了。它是由汉初名臣叔孙通草创的，以后经历代帝王的御用礼官不断沿袭、补充、修订，形成了后来朝拜"万岁"的大套繁文缛节。正如唐代魏征所说："终藉叔孙礼，方知皇帝尊。"叔孙通制订朝仪后，"自诸侯王以下莫不振恐肃敬""无敢欢欢失礼者"，使刘邦因此感到"吾乃今日知为皇帝之贵也"（《史记·刘敬叔孙通列传》）。所以，"万岁"成为皇帝的专称，与中国封建专制制度的确立密切相关。

另有人则认为，"万岁"成为最高封建统治者的代名词，始于汉武帝刘彻，是汉武帝精心炮制的政治谎言。这是因为，汉武帝独尊儒术，而儒家则将"万岁"定于了皇帝一人。据《汉书》记载，汉元封元年春正月（前110）武帝行幸缑氏，诏曰："朕用事华山，至于中岳，……翌日亲登嵩高，御史乘属，在庙旁吏卒咸闻呼'万岁'者三。登礼罔不答。"荀悦注说："万岁，山神称之也。"就是说神灵也向武帝高呼"万岁"，后来人们向皇帝"三呼（山呼）万岁"即源于此。在太始三年二月（前94），武帝"幸琅邪，礼日成山。山呼万岁"。从此，"万岁"归于皇帝一人。若他人使用，则成了僭越。据《后汉书·韩棱传》记载，大将军窦宪挫破匈奴，威震天下，奉诏回长安，"及宪至，尚书以下议欲拜之，伏称'万岁'，棱正色曰：'夫上交不谄，下交不黩，礼无人臣称万岁之制。'议者皆惭而止。"说明此时称"万岁"之制已经确立了。对于"万岁"的起源问题，宋代学者吴曾认为，《诗经·大雅》中的"虎拜稽首，天子万寿"，当是人们奉上为"万岁"的起源。《事物纪原》说："燕七国时，众所喜庆于君者，皆呼'万岁'。秦汉以来，臣下对见于君，拜恩庆贺，率以为常。"此中可隐约见其有"万岁"滥觞于战国燕时之意。《陔余丛考》卷二十一据《汉书·宣帝纪》"单于来朝，蛮夷君长王侯数万人夹道，上登渭桥，咸称万岁"一事推断道，此时"万岁""似已属君上之称"。《辞源》"万岁"条则谓"万岁""因常于殿陛之间用之，后遂为皇帝的尊称"。始于何时，没有道明。

"万岁"一词由上下通称而演化为皇帝专称是有一个发展过程的。这一过程使"万岁"的内涵发生了深刻的变化，成为中国语言文字中独特的政治性专有名词。自汉以后，"万岁"一词的使用对象与场合日趋严格，别人一般不能称呼。但也并不是像有些人所说的汉代之后，"万岁"一词只限用于皇帝，其他概不能用。其实，"万岁"一词至少到唐代，由于"民间口语相沿未改"，仍有人呼"万岁""以为庆贺"，以后才"莫敢用也"。

中国海神妈祖之谜

◉ ◉ ◉ ◉ ◉ ◉ ◉ ◉ ◉

妈祖，原名"林默"，后人尊她为"灵女""龙女""神女"，民间习惯上又称她为"妈祖"，是宋代福建莆田湄洲的一位传奇式人物，也是世界闻名的中国"海神"。

相传，妈祖出生在北宋建隆元年（960）三月二十三日。父帷悫，讳愿，五代闽帝时任都巡检（负责沿海治安巡逻的官员），母王氏，生一男六女，妈祖即为其最小的女儿。自出世至满月，不闻哭声，因此取名为默。妈祖自幼聪颖不凡，8岁时进私塾读书，过目成诵，进步非凡。10岁时即信佛焚香念经，早晚不懈。13岁时常有一位老道士玄通往来其家，对林默说："你具仙骨，应得渡人正果。"于是授以"玄微秘法"。经依法修炼，均能领悟要旨。16岁时"窥井得符"，通灵变化，能为人治病，并常渡海救助遇险船只，于是闻名遐迩，人们尊她为"通贤灵女"。13年后，即宋雍熙四年（987）丁亥秋九月初九日，妈祖28岁，别诸姐上湄峰最高处，白日升天而去。由于神话传说中的妈祖生得神异，聪明过人，虽出身于仕宦之家，然却颇善于驾舟泅水，勇毅超群，以行善为乐。她一生中在大海中奔驰，救急扶危，在惊涛骇浪中拯救过众多渔舟商船；且立志不嫁，慈悲为怀，专以行善济世为己任，因此世世代代受到沿海一带渔民的爱戴与崇敬。

不过，有人根据史籍方志所记，妈祖"以巫祝为事""妃为里中巫"等，来证明妈祖实为民间巫女，并非都巡检之女。也有的认为妈祖的父母，正史中无明确记载，妈祖实际上是普通民女的神化，把神的出身和高贵血统糅合起来，是后人提高对神灵尊崇的结果。还有人主张妈祖有如此广大神力，显非普通女子所能，妈祖后来被封为天妃、天后，实即为水神、地祇的代称，不必认为确有其人。按周立方先生的研究，妈祖应是个普通劳动人民的女子，由于她的舍己救人和无私奉献的高贵品质，而受到人们广泛的尊崇；更因其心地善良、智慧超群，关心乡里疾苦，好行善事，抢救海难，奋不顾身，而赢得了人们的爱戴。封建统治的压迫，社会的动乱不安，是妈祖传说被逐渐美化、神化的社会根源；同时，兴化（莆田）地区文化发达以及宋代的奉道抑佛，也是妈祖传说产生的文化背景。湄洲岛屿，介于福州、泉州之间，为海道要冲，拯救海难、解人危厄的妈祖，正是适应了这种需要而产生的，其死后被尊为"海神"，也就不难理解了。

蔡尔鸿先生认为，宋朝泉州、莆田航海十分发达，湄洲也曾是一个重要港口，然因海上航行具有一定的危险性，于是企求神灵保佑的安全心理，更成为人们的迫切希望，妈祖信仰应运而生，成为海上航行的保护神。在宋代，道教曾一度占上风，阴阳学说在民间很流行，而阴阳学说则认为"天属阳，地属阴，水在地上也属阴"；又"男属阳，女属阴，水神应为女性才合适"。正是在这种阴阳学说思想的影响下，人们认为水在地上属阴，故水神自然是属阴的女性，富有传奇色彩，以拯救海难的妈祖正中其选。宋代朝廷，为进一步统治人民，推行封建迷信这一"麻醉剂"，利用民间信仰，加予赐封，从而使原先只在莆田地区沿海建庙信仰的妈祖崇拜，得以公开推广开来。特别是北宋宣和四年（1122），路允迪奉使高丽安然返国后，船中有莆田人李根向朝廷奏陈系妈祖显灵相助，请求封赐，于是宋廷即赐封妈祖顺济庙额，使妈祖得到了公开承认与推广，历元至今，逐渐成为全国性的信仰。这其中的推广发展媒介，除来自朝廷的不断加封，达官显贵与富豪的献地立祠创庙外，还有如下传播媒介：

首先是船员、渔民和海商。妈祖既是一位公认的海神，故凡与海有关系的人们，就必然是妈祖信仰的虔诚信徒，在科学不甚发达的当时，海上航行对神灵得寄托祈祷，以满足精神上的需要，是人们的普遍心理。故船员、渔民、海商足迹所至，就会建造更多的妈祖宫庙，出现更多的妈祖信徒。如创建于元泰定三年（1226）的天津天妃宫，后来竟成为全国三大天后宫之一。明代以后，妈祖信仰更进一步向中国沿海地区，甚至海外各地传播，如美国西太平洋的檀香山、旧金山也都建有妈祖宫庙。郑和下西洋、郑成功收复台湾，均有大批船员是妈祖信徒，这也就是对外传播的媒介。有清一代，地处海岛的台湾商人，在取得一定经济实力之后，也认为是海神保佑的结果，因此捐资兴建天后宫，遂成风气，越建越多，建筑也越来越壮观。

其次，封建王朝的褒封和上层人物的推崇，更是妈祖作为中国海神得以迅速推广的关键。从妈祖诞生的宋朝起，经元、明、清历代帝王的数十次褒封，如南宋王朝褒封妈祖尊号就达14次之多。妈祖从"夫人""天妃""天后"，直到"天上圣母"，并列入国家祀典，如无封建统治者的这般极力推崇，

倚山而建的妈祖神庙，永远是那么的神圣

妈祖崇拜显然是难以推广的。"这种受帝王尊崇、上行下效的结果，使妈祖的信仰圈子更为扩展，造成更广大的香火气象，而无人不知不晓的局面的形成，实有赖于帝王的带动作用。"

再次，华侨也是妈祖信仰向海外传播的媒介。众所周知，福建华侨人数众多，他们远涉重洋到国外经商谋生，均得冒生命危险，才能到达目的地，于是祈求神灵保佑旅途一帆风顺，乃是大家的共同心理，妈祖自然会成为他们海上航行的保护神。华侨一旦发家致富，均认为是妈祖神助的结果，于是建庙祭祀自不待言，华侨无形中也就成为妈祖信仰向海外传播的天然使者。在马来西亚，据不完全统计，就有天后宫35座，时至今日，香火还很旺盛，尤其是1985年竣工的吉隆坡天后宫，费时五年，其建筑之壮丽，堪为"全马来西亚建筑之冠"。再加上林氏宗族成员迁居海外后的积极传播，妈祖信仰更是登峰造极。如中国台湾的妈祖庙共有500多座，大多与林氏宗祠设在一起。日本鹿儿岛片浦的妈祖神像，相传也是明末莆人林北山从湄洲祖庙请去的。特别是近几年来，中国台湾、港澳同胞、海外侨胞又再次掀起了"妈祖热"，纷纷不远万里上湄洲岛朝圣行香、旅游观光，人数多达十万人次以上。加上明清以来，中国沿海北到京、津、鲁、江、浙、沪，南到广东、海南所建的众多妈祖宫庙，遂使妈祖成为统领四海的最高海神，她的名字又伴随漂洋过海的侨胞传到世界各地，使妈祖成为颇具世界影响的中国海神。

九鼎遗落之谜

◉ ◉ ◉ ◉ ◉ ◉ ◉

"问鼎中原""诸侯问鼎"，诸如此类的成语中都有"问鼎"二字。我们今天对这两个字都不会觉得难懂。"问鼎"是指可能达到或想要达到权力或是荣誉的最高峰。可是，这实际上是这两个字的引申意义，它的原义是什么呢？正如几乎所有的成语都对应着历史典故或寓言一样，"问鼎"二字也是有历史掌故的。

公元前606年，中国历史上正处在春秋战国时期，也就是奴隶制社会向封建社会的过渡阶段。春秋五霸之一的楚庄王，在经过了一番励精图治之后，使楚国变得国富兵强。于是他开始图取霸业，兴兵攻击陆浑之戎，直通雒邑的郊外。当时名为众诸侯国之天子的周定王被迫派人来为他举行慰劳欢迎的礼仪。楚庄王向来臣"问鼎大小轻重"，表明他欲灭周而代之的野心。从此，"问鼎"才成了具有特指含义的专用名词。

为什么楚庄王的一句问鼎就能反射出他的野心呢？原来这个"鼎"可不是指寻常之物，而是专指象征王权和天命所归的夏代"九鼎"。

夏是中国历史记载中的第一个奴隶制王朝。"九鼎"就是夏朝的开国之君"启"统治时期制造的。这个启就是传说中治水英雄大禹的儿子。他建立夏朝以后，把华夏大地划为九个州，每个州设立一个最高行政官员叫作"州牧"。州牧又由夏王统辖。据有关史料记载：夏令几个州的州牧贡献青铜，铸造了九只镂刻精美、古朴典雅、气势庄重的青铜大鼎。铸鼎之前，已经先派人把各州的著名山川、大河和风景俊奇的地方，以及出产或具有的各种奇特的东西都画成图、编成册，然后由那些被精选出来的、技艺高超的工匠们把这些图画仿刻在"九鼎"的身上。每一只鼎对应着一个州，制成后的"九鼎"就象征着九个州，又象征着天下。这样既体现全国的统一和王权的集中，也显示着夏王已经成为天下之主。也

正是从这时开始，"九州"成了中国的代名词。

"九鼎"从问世以后就一直被历代统治者所重视，它们一直被作为镇国之宝和王权的象征。

对今人来说，"九鼎"的珍贵不仅是因为它们在历史上的显贵地位，更重要的是它们所包含的丰富的考古信息，它们身上浸透着中国当时的手工艺水平、冶金文明和人

传说九鼎为夏朝禹之子启时铸造,体现了王权的集中和至高无上,此图为鼎仿品

文地理。

可是如此珍贵的"九鼎"早就在华夏大地上失去了踪迹。它们的下落，众说纷纭，至今没有定论。

早在西汉时期，中国古代著名历史学家司马迁在他的传世之作《史记》中就已经无法确定"九鼎"的下落了。同一部《史记》的不同篇中，对"九鼎"下落所做的记载也不同。在有关周、秦的两个"本纪"中这样记载：秦昭襄王五十二年（前255），周赧王死后，秦国从雒邑抢走了"九鼎"，它们被掠到了秦国。而在《封禅书》中又说："周德衰，宋之社亡，鼎乃沦没，伏而不见。"这段话的大意是：在周朝的天子之德日衰之时，鼎就不见了。这和秦抢鼎的记载是矛盾的。

而在此以后的历史学家们又考证出各种各样的说法来解释"九鼎"的失踪。

有一种说法认为：在周显王四十二年，也就是公元前327年，周王室为了避免传国之宝落于他人手中，于是把"九鼎"沉没在彭城（今江苏徐州）旁边的泗水之中。他们还考证出：秦始皇南巡时，还曾派出几千人在泗水中进行打捞，可惜最后一无所获，徒劳无功。

还有一种说法是：周王室在衰落时财政困难，入不敷出，于是销毁了"九鼎"铸铜钱。而对外则诡称"九鼎"已不知去向，避免各诸侯国借此兴兵问鼎。

历代史籍中关于"九鼎"的说法还有很多。但是大多自相矛盾，或自说难圆，谁也没有能令人十分信服的依据。直到今天，"九鼎"的下落仍然是待解之谜。

扁鹊身后之谜

●　●　●　●　●　●　●

两千多年前，中国历史上出现了一位著名的医学家，他倡导和推崇脉学，反对巫医骗人害命，从而使中国的医学向前推进了一大步。他的脉学原理至今还在中国中医界沿用。这位誉满天下的医学巨人就是扁鹊。

扁鹊，据《史记》载，姓秦名越人，齐国勃海郡（今河北省任丘市）人。曾从长桑君处得到许多"禁方"（秘方）。他擅长各科，以诊脉最为有名。他时常根据各地人民的需要而行医，在邯郸做"带下医"，在洛阳做"耳目痹医"，在咸阳做"小儿医"。精湛的医术和诚朴的医道使他名闻天下。当时人们便以黄帝时的良医"扁鹊"称呼他。"秦太医令自知伎不如扁鹊，使人刺杀之。"然而扁鹊于何地被杀，身葬哪里，可惜太史公司马迁在他的浩瀚巨著中没有记载，使之成了千古之谜。

目前，社会上流传的有关扁鹊墓地的说法主要有以下几种：

汤阴说。汤阴即今河南省汤阴县。在县东南15里的地方，有一土岗名伏道岗。相传扁鹊"一旦经历荡邑东南社，庸医恶其胜己，伏于道侧，谋而杀之，故社名伏道。遂葬尸积冢于兹，冢前立祠"（明嘉靖十四年《赞扁鹊仙艾词有引碑》）。今祠、墓尚在，并有元、明、清各代碑刻十余通。其中以金朝进士、元彰德府学教授张都于至大元年（1308）撰写的《扁鹊墓祠堂记》碑居早，且内容详尽。碑曰："伏道居县之近郊，墓在村南五里，旧有祠，其上贞祐（1213～1216——引者注）兵乱毁之。"康熙三年（1665）汤阴知县魏师段之《重修扁鹊先生墓庙》载："邑东十八里，扁鹊先生墓在。"

长清说。长清，县名，在今山东省济南市西郊、黄河东岸一带。清道光十五年（1835）《长清县志》载："今卢地有越人冢""秦越人墓，在县境。旧《通志》卢地有越人冢，即扁鹊也。"

历城说。历城即今山东省历城县。据1926年《续修历城县志》载："扁鹊墓在鹊山西山下。"《锦老秋屋笔记》则又说："鹊山西山下有扁鹊墓，相传乃秦名缓，字越人。受术于长桑君，成千古名医。尝寓于卢地，故称卢医，又曰扁鹊。今长清乃古卢地，去鹊山不足百里，尽许葬于山下。唯是汉以后，黄河由千乘达海，支津注济，洋溢西流成湖，鹊山在湖中央，所谓鹊山湖是也。或有墓在，亦必经淹没塌陷无存，山西遍无名荒冢，漫曰扁鹊墓，其为后人附会无疑。"

解虞说。解虞今属山西省永济市。该市清华镇有扁鹊祠和扁鹊墓，墓前尚有石羊一对及宋大观、明万历年间的碑刻。周有围墙，保存还完整，县志也有同样的记载。

除此之外，还有临潼说（传扁鹊被害于陕西省临潼区东北30里，葬于该县纸李乡南陈村）、任丘说等。

我们知道，陕西、山西、山东、河南、河北，在春秋战国之际，分别属秦、韩、齐、魏、赵，按《史记》《战国策》之记载，均是扁鹊行医周游列国所到过的地方。当时秦太医令收买力士，追踪扁鹊而行刺，也是不分国界的。以上诸说中，也许有以"衣冠冢"而附会，也许有的纯属伪托。但是，在未得到充分的考古证实之前，似不应一概摒弃。

屈原自沉之谜

两千两百多年前，伟大的爱国诗人屈原怀着满腔忧愤，毅然投入波涛翻卷的汨罗江中，结束了他那坚贞不屈、才华横溢的一生。千百年来，他的死一直为人民所惋惜、哀悼。那么，屈原为何投江自沉呢？

清朝王夫之在《楚辞通释》中认为，屈原所以写下著名的诗章《哀郢》，是由于"哀郢都之弃捐，宗社之丘墟，人民之离散，顷襄王之不能效死以拒秦，而（楚）亡可待也"。据此，现代的屈赋研究者大都认为，屈原投江是因为秦将白起攻破楚都郢，眼见国亡而殉国难之举。持此说者以郭沫若为代表，他在《屈原研究》中说："郢都陷落时，屈原逃奔江南，江南也不能安住，所以接连作了《涉江》《怀沙》《惜往日》诸篇，

便终于自沉了。"郭沫若在《屈原考》中进一步发挥说："就在郢都被攻破的那一年，屈原写了一篇《哀郢》……他看不过国破家亡、百姓流离颠沛的苦状，才悲愤自杀的。"在《伟大的爱国诗人——屈原》中郭沫若先生认定："屈原的自杀，事实上是殉国难。"

有人对上述说法持有异议，认为据《史记·屈原列传》和《哀郢》中的有关史料来看，屈原写《哀郢》约为顷襄王十四年（前285），屈原沉江约在顷襄王十六年或十七年，即公元前283年或公元前282年，而《史记·秦本纪》《史记·六国年表》中载明，白起于顷襄王十九年（前280）开始攻楚，第三年（前277）攻破郢都。因此，屈原写《哀郢》和自尽在前，白起破

郢在后，从时间上推算，屈原根本不可能是殉国难。从《哀郢》的内容上分析，诗人在文中一再述说自己心头的悲哀，哀自己无罪遭贬逐而"东迁"，哀"故都之日远""哀见君而不再得"、哀人们沉湎于一片"平乐"而看不到大祸将临。明朝张京元在《删注楚辞》中云，《哀郢》是"原既去国，还顾郢都，念其将亡而哀之"。显然，屈原写此诗与郢都陷落并无关系。诗人投江前作的绝命诗《怀沙》中也并未流露出痛惜国破家亡而决心殉国难的情志。而且，如果屈原是殉国难，史家势必书明，以志褒彰，但是，贾谊的《吊屈原赋》、司马迁的《史记·屈原列传》和唐朝沈亚之的《屈原外传》这些对屈原结局深表同情的史家所撰写的史籍中，均不见有屈原是为国难而殉身的记载。那么，他究竟何故自沉呢？有人认为，屈原一直主张联齐抗秦，而当时的顷襄王已经忘却了疆土被蹂躏、父王被骗拘死于秦地的国耻父仇，反认秦为友，又"专淫逸侈靡""驰骋乎云梦之中，而不以天下国家为事"，

伟大的爱国诗人屈原，名平、字原、号灵均

《楚辞》开启了后世汉赋和近体诗的先河

国内奸佞弄权、城池不修、百姓离心，既无良臣，又无守备，楚国已面临亡国大祸。满怀救国救民之志

的诗人却受谗言而身遭黜逐，报国无门，《哀郢》中他就悲愤地诉说："信非吾罪而弃逐兮，何日夜而亡之"，《怀沙》中他更尽情倾诉冤屈："抚情效志兮，冤屈而自仰"，表白自己遭受长期放逐、满怀的忠贞无处申诉，只有"伤怀永哀"的郁苦心情。《屈原外传》说：屈原"晚益愤懑，混同鸟兽，不交世务……王逼逐之，于五月五日赴清冷之水"。在这种情况下，他还受到楚王的"逼逐"，被重新启用的希望已经绝灭，身心交瘁的诗人不忍心眼见祖国和人民蒙难，也不愿在衰老不堪的晚年再忍受"逼逐"，于是，他在《怀沙》中斥责了楚王的昏聩，在《惜往日》中写下了"宁溘死以流亡兮，恐祸殃之有再，不毕辞以赴渊兮，痛痛君之不识"，决心以死谏来震醒

昏聩无能的庸君，这才是屈原之所以忍受了两次长时间放逐而依然等待，最后绝望而自沉的根本原因。

还有人认为，屈原屡次遭到佞臣的诬陷、排挤，又被阻断君门，投诉无路，蒙受冤屈，对这类祸国殃民的贼子，他切齿痛恨，怒斥此辈是"谗人""党人""邑犬"，《怀沙》中他就痛斥他们"变白以为黑""倒下以为上""邑犬群吠"，这自然越益遭致群奸的诬陷。诗人表示"知死不可让兮，愿勿爱兮。明告君子，吾将以为类兮"，宁愿一死，也不向群小屈服。西汉桓宽《盐铁论·倾贤》中就指出："夫屈原之沉渊，遭子柳之谮也。"所以，屈原是由于受奸佞相谮而被逼得投江自沉的。

包公墓葬之谜

◉ ◉ ◉ ◉ ◉ ◉

为官清正的包青天为何遗留下了两座高大雄伟的坟冢？在外表风光的背后是否有何难言之隐？威名远播的包老爷似乎有意留下若干线索，等待后来者开掘。

河南省巩义市西南有北宋王朝9个皇帝的陵墓，习称"巩县宋陵"，是闻名遐迩的旅游胜地。其中宋真宗的永定陵附近，有一座高约五米的圆形冢墓，就是世人熟知的陪葬真宗陵侧的包公墓。在影片《少林弟子》中，当观众看到洪家班姐妹被恶霸豪强追逼至少林寺附近的包公墓前时，银幕上赫然出现了用颜体楷书写的"宋丞相孝肃包公墓"几个大字的巨碑。此时此刻，绝大多数观众都相信包公是长眠在这里了。

然而，这很可能是历史的谬误。

据考古界报道，包公及其夫人董氏墓、长子包繶夫妇墓、次子包绶夫妇墓、孙子包永年墓，十几年前都在安徽省合肥市东郊大兴乡双圩村的黄泥坎发掘出来了。淝水岸边出土的墓志铭确凿地记述了包公的生平，补充和修正了一些史实。包氏族墓及墓中出土的其他珍贵文物，既为史学界、文学界进一步研究包公的历史与传说提供了宝贵的资料，也为研究宋代的政治、经济和文化生活提供了难得的实物资料。

一个包公，为什么有两座墓葬？如果合肥包公墓是"真"的，那么巩义市的包公墓是怎么回事呢？

包公是中国古代一位杰出的政治家，姓包名拯，字希仁，祖籍庐州（今安徽）合肥。宋仁宗天圣五年（1027）考取进士甲科，从而走上仕途，由建昌、天长县令而历任工部员外郎、枢密副使、朝散大夫，直至封为东海郡开国侯而病逝，终年64岁。

从《宋史》的记载及一些宋元野史材料来看，包拯其人在出任县令至枢密副使的一生中，秉性刚毅，处事严明，重视调查研究，坚持惩恶扶善，深得下级官吏和百姓的好评。在合肥出土的包拯墓志铭中，也记载了他以大义为重，不惧贪官豪强，并敢于上书皇帝查办枉法权贵的事迹。他策论国事能高瞻远瞩，讲究让百姓"衣食滋殖、黎庶蕃息"，主张"薄赋敛、宽力役、救灾患"。在他管辖过的地区，不断修改地方法制，一方面废除了一些苛捐杂税，另一方面加强市场管理、惩办贪官污吏，以增加国库收入。他重视调查研究，执法如山，自身清正廉洁，不谋私利，因而得到人民群众的尊敬与赞扬。

包拯所处的时代，正是北宋王朝由盛转衰的阶段。北方契丹族建立的辽王朝屡次兴兵南犯，宋朝统治者却只求歌舞享乐。后来南北议和，边境没有多少战事了，从中央到地方的官僚地主更加在歌舞升平中沉沦，毫无富国强兵之念。日趋腐败的吏治造成了大批冤假错案，百姓怨声载道。在那黑暗的社会中，百姓有苦难伸。在这种社会背景下，包公的所作所为，必然有口皆碑。合肥包公墓志为当时枢密副使吴奎撰写，称他"其声烈表爆天下之耳目，虽外夷亦服其重名。朝廷士大夫达于远方学者，皆不以其官称，呼之为'公'"。这就是包

包拯雕像

公的由来，可知"包公"是包拯在世时人们对他的敬称。

真正的包公墓在合肥市东郊，已成定案，这不仅有考古发掘的材料为确证，而且有宋代庆元年间淮南西路安抚司干办公事林至撰写的《重修孝肃包公墓记》等文献为印证。河南巩义市宋陵中的包公墓虽然冢大碑高，也必然是一个"假"墓，但是，问题并不这样简单。

因为，在合肥包公墓正式考古发掘之前，人们普遍认为巩义市包公墓是"真"墓，不仅有很高的封土和墓碑，而且地方史志均有记载，明代嘉靖三十四年（1556）修《巩县志》即载包拯墓位于县西宋陵中，清代顺治以后各时期版《河南通志》皆承袭旧说，可见明代就已存在这个包公墓，至少经历了五六百年。现在，人们不禁要问：巩义市包公墓究竟修于何时？为什么要建这个包公墓？里面到底埋葬着什么？它和合肥墓是什么关系？

这一系列问题，至今尚难于回答。

巩义市包公墓修于何时，很难考证。现存关于此墓最早的记录是明朝嘉靖年间的县志，可知修建的时间不晚于明代中叶。元、明两代史籍对此均无说明。既然如此，为什么要修这座墓，里面究竟埋葬着什么等也就无从得知了。

鲁班探源之谜

◉ ◉ ◉ ◉ ◉ ◉ ◉

鲁班是中国古代杰出的民间工艺家，是木工、石工、泥瓦工及许许多多工匠的共同祖师爷。《墨子》《孟子》《吕氏春秋》等先秦时期的著作就已经提到这个人物。他大约是春秋末期人。历代统治者对"工匠"这样的劳动者是采取鄙视态度，像鲁班这样伟大的工艺家，竟缺乏史书的记载。关于鲁班的传说，一部分在先秦时期就已形成，一部分是汉唐时代记载的，直到宋、明，人们才作了完整的补充。

一般书刊上，都以鲁班和公输般是一个人，姓"公输氏"，也称"公输子"，名"般"。因为他是鲁国人，所以也叫"鲁班"或"鲁公输般"。古时盘、般、班三字通用，在古书上有的写作"般"，有的写作"班"或"盘"。

《墨子·鲁问》记载："公输子削竹木以为鹊，成而飞之，三日不下。"这可能就是后来民间所制作的风筝。《墨子·公输》记载："公输般为楚造云梯之械成，将以攻宋。"墨子知道了以后，就到楚国去，在楚王面前与公输般较量了一下攻宋的打算，公输般对付不了墨子，楚国就停止了攻宋。

山东济南千佛山（原称"历山"）有鲁班庙，传说鲁班晚年隐于历山，后经异人传授秘诀，云游天下，成了仙人。这些传说，不足为信。其实，人们为他修庙，把他当作神人供奉，完全是纪念他为人类做出的贡献。

东汉赵岐注《孟子》时说："公输子鲁班，鲁之巧人也，或以为鲁昭公之子。"这就是说，鲁班可能是鲁国国王昭公的儿子。桓宽《盐铁论·贫富篇》说："公输子能因人主之材木，以构宫室台榭，而不能自为专屋狭庐，材不足也。"有的人举出这个例子，说明公输般不是鲁昭公的儿子，而是一个贫穷的劳动者。他只能为富贵者建筑宫室台榭，自己却没有盖房子的原料，连简陋的草房也盖不起来。

《礼记·檀弓下》记载：季康子之母死了。这时的公输若还很年幼，就提出改革敛尸下葬的办法。守旧的公肩假极力反对改革，因而公输若的改革方案不能实行。有人说这个公输若就是公输般或鲁班，般是名，若是字，也有人说公输若不是公输般，是另一个人。

还有另外一种说法：唐代段成式《酉阳杂俎》记载："鲁班者，肃州敦煌人，莫详年代，于凉州造浮图，作木鸢，每击楔三下，乘之以归。"这是说鲁班是敦煌人，不知道是什么年代人。段成式的这个记载，是根据《朝野佥载》的记载转述的。这个鲁班，或者就是古代的鲁班传说，也或者是后人之学鲁班者，同时又是一个巫师，是敦煌人。他的所作所为，在当地传说开来，被记录了下来。

卢南乔教授主张鲁班、公输般是一个人，他根据有关记载鲁班、公输般、公输若的13个传说故事所涉及的人物季康子、鲁公、楚王、宋公、墨子，认为鲁公是鲁哀公，楚王是楚惠王，宋公是宋景公。根据这些人物的年代推定鲁班是春秋战国之交即公元前510年至公元前440年左右的人。

也有人说鲁班、公输般是两个人。晋人葛洪《抱朴子·辨问篇》说："班（鲁班）、输（公输般）、倕（黄帝时巧人）、狄（墨翟）机械之圣也。"葛洪把这四个人称作机械制造的圣人，也是把鲁班、公输般当作两个人。唐人颜师古注《汉书》时说："班，鲁班也，与公输般为两人，皆有巧艺也。"《古乐府》诗："谁能为此器，公输与鲁班。"也是把鲁班和公输般当作两个人。他们主张公输般的发明创造不能记到鲁班的账上。

《世本·作篇》记载："公输作石。"石硙就是磨。这是说公输

般发明了磨。丁山在《中国古代宗教与神话考》一书中，对此表示怀疑。因为春秋战国时期，中国人民还是吃粮食粒或捣碎的少量的面，还没有磨，不能大量地吃面食。

明代罗颀《物源·器原篇》说，鲁班做磨、碾子，饰门窗以铺首。公输般做铠、钻、隐括。磨是磨谷的器物。铠是古代兵将护身的铁甲。隐括是矫揉弯曲竹木等使之平直或成形的器具。铺首是衔门环的底座，为铜制品。两千多年来，生产、生活和作战所用的器具，都传说是鲁班发明的，鲁班所发明的东西越来越多，只能视为传说，不能作为信史。

有的民间传说认为赵州桥、卢沟桥也是鲁班建造的。传说鲁班与妹妹比赛，在一夜之内（以鸡鸣为限）要修三座桥。他修好了赵州桥、卢沟桥以后，正在修第三座桥，妹妹怕他过于劳累，便自己学着鸡叫了。鲁班以为真的鸡叫，就停了工。这座未完工的桥，就是鸡鸣驿的石桥（见中国民间文艺研究会、北京文联合编《北京传说故事资料》第3集）。

全国各地的著名建筑，有很多都传说是鲁班修的或鲁班指点阖修的，如五台山的悬空寺、绍兴的北海桥、桂林的花桥、北京的天坛祈年殿等。有些地方的自然山水奇胜，也说是鲁班的遗迹，如长江上的瞿瞿峡岩穴间露出一块匣子样子的石头，传说是鲁班的风箱。四川广元市的鲁班峡，传说是鲁班开凿的。

鲁班本来是一个历史传说人物，古书记载把很多发明创造都集中到他一人身上。有些传说不论什么年代，什么地区，凡是有很高建筑技巧的，都说是鲁班建造的。这些，只能算是民间传说而已。

鲁班、公输般究竟是一个人还是两个人？还有待专家们继续探讨。

骆宾王生死之谜

◉ ◉ ◉ ◉ ◉ ◉ ◉ ◉

初唐诗坛，承六朝余绪，以缔章绘句为工，"绮错婉媚为本"（《旧唐书·上官仪传》）。首先奋起扫荡这股形式主义诗风的当推陈子昂和初唐四杰。他们实在是启有唐三百年风雅之盛的先导。所谓"初唐四杰"是指王勃、杨炯、卢照邻、骆宾王四人，而骆宾王则是"四杰"中年辈最长、阅历最多、遗闻轶事流传最广和最富有传奇色彩的不平凡人物。

骆宾王，浙江义乌人，7岁能诗，有"神童"之名。但这位神童的命运并不佳，一生书剑飘零，沉沦下僚，为人作幕，当过主簿一类的小官。他"十年不调为贫贱，百日屡迁随倚伏"，曾官游西北西南，自诉"剑动三军气，衣飘万里尘"。唐高宗仪凤四年（679），

擢迁侍御史，这是他一生中得到的最高官职，但为时不长，终因好向武则天上书言事，而被诬下狱。在狱中，他忧心如焚，愤而作《萤火赋》《在狱咏蝉》以明志。获释后任临海（今属浙江省）丞，故后人亦称之为"骆临海"。684年，骆宾王在扬州遇皇唐旧臣徐敬业。其时唐高宗已死，政权全归武则天。这位女皇帝大肆斥逐李唐旧臣，起用武氏集团中人。两个统治集团之间矛盾尖锐。徐敬业是唐朝开国功臣徐勣（后赐姓李，称"李勣"）之孙，他联络朝臣，在扬州举兵，以恢复大唐王朝为号召，应者云集。骆宾王一生仕途失意，郁郁不得志，又蒙谗下狱，自然对武氏政权不满，于是毅然参加了徐敬业的幕府。他曾以慷慨淋漓的笔致，为

徐敬业草写《讨武曌氏檄》。檄文历数武则天的秽行劣迹、阴谋祸心，申明大义，备述起兵目的，以"试看今日之域中，竟是谁家之天下"作结，写得气势不凡，极富煽动性。相传武则天看到此处时，赫然变色，连忙打听檄文是谁所作，左右答说是骆宾王。她听了后，十分惋惜地说："宰相之过也，人有如是才，而使之流落不偶乎？"但是纵然骆宾王才高八斗，无奈徐敬业武略不济，起义仅经历了三个月就失败了。嗣后，关于骆宾王的下落就成了一桩疑案，传说纷纭。归纳起来，大致上有两种说法。

第一种说法，骆宾王被杀。《旧唐书》本传载："敬业败，（宾王）伏诛。"《资治通鉴》卷二〇三载："乙丑，敬业至海陵界，阻风，其将王那相斩敬业、敬猷及骆宾王首来降。"《新唐书·李勣传》载："徐敬业与敬猷、宾王率轻骑遁江都……其将王那相斩之，凡二十首，传东都，皆灭其家。"此外，与骆宾王是世交的宋之问写过一篇《祭杜审言学士文》，文中说："骆（宾王）则不

能保族而全躯。"从后两条资料来看，似乎在徐敬业兵败后，非但骆宾王本人身遭杀戮，而且累及全家和族人。

第二种说法，骆宾王投水自杀。唐人《朝野佥载》云："骆宾王《帝京篇》曰：'倏忽抟风生羽翼，须臾失浪委泥沙。'后与徐敬业兴兵扬州，大败，投江水而死，此其谶也。"

以上两种说法中，因第二种说法类似谶语，也别无旁证资料，所以不大有人相信。引起争论的是第一种说法，一派主死，一派主生，历来争论不休。

主骆宾王兵败被杀的论者认为，从正史看，除了《新唐书》本传说骆宾王兵败后"不知所之"外，其余均说骆宾王兵败被杀。最有力的证据是宋之问《祭杜审言学士文》中的那句话。骆宾王与宋之问的父亲是同僚，再者骆宾王诗集中还有三首赠宋之问的诗：《在江南赠宋五之问》《在兖州钱宋五之问》《送宋五之问》，关系如此密切，所以宋之问文中说骆宾王"不能保族而全躯"是完全可信的。同

时，持这一观点的论者还指斥《本事诗》所载宋之问在杭州灵隐寺遇骆宾王月夜联句事为虚妄，荒诞不经，是大有诗意的虚构之说。既然宋之问与骆宾王如此熟识，则两人相逢时，岂有对面不相识之理？

但是，主骆宾王兵败后仍存活世间的论者认为，《本事诗》所载，固有阙漏，然而其中关于用假首级报送京师的说法，也未尝不能成立。王那相为了邀功请赏，干出以假乱真的勾当，也属情理中事。因此，宋之问《祭杜审言学士文》中的"不能保族而全躯"那句话，安知不是他在看了假骆宾王的首级之后才写下的呢？退一步说，宋之问即使在当时看出了首级是假的，恐怕他也未必肯说真话。以理揆之，其时骆宾王家族遭害，或则有之；自身伏诛，或则非确。这样，用宋之问《祭杜审言学士文》中的

一句话作为骆宾王兵败被杀的力证，同样也是站不住脚的。再说，郗云卿是奉诏搜辑骆宾王遗文的官员，他应当对骆宾王的下落做过一番详细周密的调查，那么，为什么在《骆宾王文集序》中，他要一口否定骆宾王被杀的说法，却说骆宾王"因致逃遁"呢？那是载入史册的大事啊。可见郗云卿对王那相报送到京师的两颗头颅是否真的属于徐敬业与骆宾王的，是持怀疑态度的。还有的论者认为，骆宾王的《夕次旧吴》《过故宋》《咏怀》三首诗，全是黍离之感，故国之思，如"西北云逾滞，东南气转微""唯当过周客，独愧吴台空"等，恐非一般的抒发怀古之幽情，无病呻吟之作，当是兵败后，骆宾王故地重游时发出的感喟。

李白死因之谜

唐代宗宝应元年（762），李白贫病交困，到安徽南部的当涂，投靠在那儿当县令的族叔李阳冰。就在这一年的十一月，这颗诗坛上的一代巨星陨落了，享年仅六十有二。关于李白之死，后人有多种说法，但归结起来不外乎两种。其一认为是死于"腐胁疾"，即病卒说；其一认为是死于"揽月落水"，即溺水说。

说李白是病卒的，最早见于李阳冰为李白诗结集写的《草堂集序》，以后的碑碣著述多持此说。范传正写的《墓铭》，说"至今尚疑其醉在千日，宁审乎寿终百年"。李白嗜酒成性，特别到了晚年，"狂饮"更是他生活中的一大特征，所以醉而致疾致命的可能性极大。晚唐诗人皮日休作《李翰林诗》（《七爱诗》之一）也说"竟遭腐胁疾，醉魄归八极"。这就明确无误地说李白因醉得疾，他的灵魂是带着醉意升天的。郭沫若以他谙于医道的口吻说，李白61岁曾游金陵，往来于宣城、历阳二郡间。李光弼东镇临淮，李白曾决计从军，行至金陵发病，半途而返。此为"腐胁疾"之初期，估计当为脓胸症。又说，他62岁在当涂养病。脓胸症慢性化，向胸壁穿孔，成为"腐胁疾"。十一月卒于当涂。

说李白是溺死的，见五代王定保《唐摭言》所述："李白着宫锦袍，游采石江中，傲然自得，旁若无人，因醉入水中捉月而死。"宋代洪迈《容斋五笔》也有类似的记载，不过在前面冠以"世俗言"三字。所谓"世俗言"，就是说它

一生诗酒相随的李白

是民间的一种出于美好的想象而产生的传说。但值得注意的是，这种富有浪漫气息的民间传说的出现，并不是在王定保或洪迈的记述之时，而是在李白去世不久的时候就已广为流传了。到了元代，王伯成编《李太白流夜郎》杂剧，其中有白入水中，为龙王所迎去之说。虽然艺术不等于现实，但对李白的死因，更釉上了一层夺目的神奇色彩。

那么作为正史的《旧唐书》和《新唐书》是怎么说的呢？它们在提到李白之死时，都只是简单地一笔带过，并没有明确指明他的死因。既没有说是"腐胁疾"致死，也没有说"因醉入水中捉月而死"。《旧唐书》上说他是饮酒过度醉死于宣城的，这也许正可以用来证明"醉死此江边"（唐代项斯《经李白墓》句）的传说是有几分可靠的。所以清代王琦对此有段评论："岂古不吊溺，故史氏为白讳耶？抑小说多妄而诗人好奇，姑假以发新意耶？"这就是说"病"和"溺"两者或许都有可能。

李白一生，流离坎坷，经历奇瑰。爱酒、爱月、爱狂、爱傲视权贵。他才气横溢，却命运多舛！到了晚年穷极悲苦又不甘寂寞，时时喟叹自己愤懑的一生。虽胸怀大鹏之志，而命运之神为其安排的却是"中天摧兮力不济"的不堪，"白发三千丈"的忧烦。没奈何，竟日呼酒买醉，可惜"举杯消愁愁更愁"。心，越来越恼；酒，越喝越多。大量的酒精已经侵蚀、损害着他的肌体，而他还兀自举杯浇愁，直至病入膏肓而不可救药。从而推论其死因，他的族叔李阳冰的话应该是可信的。李白在去世前曾赋《临终歌》一曲，浩叹一生壮志未酬的悲怆。如是悲歌一曲，岂临终遗言乎？

然而，有人认为稗官野史之言，也并不是纯属毫无价值的无稽之谈。李白一生浪迹江湖，热爱自然。他的诗，有许多是写月的。诗人把美丽的月亮看成是高尚皎洁的象征。他的诗，又有许多是写酒的。诗人把美酒看成是自己生命中不可或缺的一个组成部分。他举杯望明月，俯首看现实；创痛巨深，贫病交加，一切美好向往都一一幻灭了。一个傲岸不羁，意欲驰骋于天地之外的人，竟落到如此潦倒的田地，那是不堪忍受的。严酷的现实，逼得他几乎要发狂了。诗人在《笑歌行》和《悲歌行》里，十分清楚地描绘出了自己哭哭笑笑的狂态。一个处于半疯狂状态的人，"醉而落水"反倒更能博得人们的同情。

安旗对李白的死，有一段极为精彩的描拟式描绘："夜，已深了；人，已醉了；歌，已终了；泪，已尽了；李白的生命也到了最后一刻了。此时，夜月中天，水波不兴，月亮映在江中，好像一轮白玉盘，一阵微风过处，又散作万点银光。多么美丽！多么光明！多么诱人！'我追求了一生光明，原来在这里！'醉倚在船舷上的李白，伸出了他的双手，向着一片银色的光辉扑去……只听得船夫一声惊呼，诗人已没入万顷波涛。船夫恍惚看见，刚才还邀他喝过三杯的李先生，跨在一条鲸鱼背上随波逐流去了，去远了，永远地去了。"

毕昇出身之谜

北宋毕昇发明的活字印刷术，是中国古代的四大发明之一，他对世界文化的交流和发展做出了重大的贡献，功垂百世，名扬千古。然而，他的出身是什么呢？

造诣高深的刘国钧先生在《中国书史简编》中，依据"布衣"两字推断，毕昇之所以能发明活字印刷术，因为他是一位"天才工人"。胡道静在《活字版发明者毕昇卒年及地点试探》一文中，也认为毕昇是位"刻字工人"。徐仲涛等编的《中国古代发明创造》一书中，称毕昇为"一位具有实践经验的刻字工人"。王天恩等编的《出版工作手册》中称毕昇为"工人"。至于影片《毕昇》则将毕昇塑造为一位雕梓良工。于是，毕昇是工人的说法流行最广。

有人对上述说法持异议。这一派学者以吴式超为代表，他对《梦溪笔谈》上述两处记载做了分析，认为"昇"与"升"是同音异字，沈括在同一部书中不能将一人的名字写成两个字。毕昇造活字在沈括家乡印刷业发达的杭州，锻工毕昇为王捷锻金却在汴京（今河南开封），一南一北，相距甚遥；毕昇在祥符年间（1008～1016）已是"老（锻工）人"，到了二三十年后的庆历年间（1041～1048）怎么还能发明活字呢？因此，从两者的名字、活动地点、年龄上看，昇和毕昇当是两个人，也并非锻工。

昇发明的活字印刷术，从铸字、排检到印刷有一套完整的方法，须先造出数以万计的单字，再根据各字使用的次数多少，决定哪些字多造，哪些字少造，造好后按规律编排起来，以便排字时能很快找到。其中的排检是一门很复杂的学问，至今人们还在不断研究，昇采用了音韵分类排检法，这在当时是比较先进的方法。可见，能发明活字印刷术者，必须具有一定的文化水平。昇在发明过程中，先用木做活字，试验后高低不平，且易与药粘连，才改用胶泥。清代瞿金生用昇的方法，使用了15个人力，经30年才造出泥活字十几万；元代王祯为印《农书》，用工匠制木活字也花费了两年时间。昇从木活字到泥活字试验改进过程，势必需要雇用工匠、花费几年及至几十年的时间，这就需要拥有相当的资财。北宋的工匠地位低贱，没有可能读书识字，不具备相当的文化程度；他们收入低微，生活艰难，不可能拥有大量资财。因此，从发明活字印刷术所必须具有的文化和资财两方面分析，昇也不可能是锻工或刻字工人之类的工匠。如果昇是书肆良工，在书肆主人支持下创造了活字印刷术，这有无可能呢？也不可能。因为如果是，发明的成果必然冠以主人的名字，造出的字也会归主人所有，不会如《梦溪笔谈》中所载："昇死，其印为余群从所得"了。

那么，昇究竟是什么人呢？据《梦溪笔谈》《宋会要》和其他史书及宋人小说中的记载或描写来分析，"布衣"两字虽泛指平民，但从未见指工匠之类人，而是习惯上多指未入仕途的士人。以昇一生潜心研造活字的情况来分析，他一定是个热心于出版书籍的人，或为出版自著诗文，如王祯；或为印行著名经史，传播文化，扬名后世，如五代文学家和凝、五代蜀相毋昭裔、宋代诗人尤袤、杨万里、范成大、陆游、岳珂等人；或为印书谋利。因此，昇是位不图宦达、献身于改进和发展印刷业的文人雅士。

昇究竟是锻工、刻字工人、抑或雕梓良工、士人？尚难以定论。

唐伯虎之谜

唐寅（1470～1523），字伯虎，是中国明代著名的画家和文学家。唐寅的诗文书画笔资雅秀，设色艳丽，风骨奇峭，活泼洒脱，给人以清新优美的印象，具有较高的艺术造诣。唐伯虎与祝允明（枝山）、文徵明、徐祯卿称为"吴中四才子"，又与沈周、文徵明和仇英齐名，世称"明四家"。唐寅诗文敏快，尤擅绘画，在"明四家"中声名最大，他与丫鬟秋香"三笑姻缘"的风流韵事已经成了家喻户晓的趣事。围绕历史上的唐伯虎究竟有没有自称过"江南第一风流才子"，长期以来人们各执一词，争论不休。

艺术大师潘天寿在《中国绘画史》一书中认为：唐寅"赋性疏朗，狂逸不羁，与同里狂生张灵，纵酒不事生业，尝镌其章曰：'江南第一风流才子'"。在中国古籍《明史》中就记载着如下史实：唐伯虎自幼生长在苏州一个商人家庭，聪明颖慧，才气横溢。弘治十一年（1498），在乡试中名列第一，到第二年赴京会试，因涉及科场舞弊案而入狱。出狱之后，唐寅不再热衷功名利禄，有意在绘画方面施展才能。"遂远游祝融、匡庐、天台、武夷诸名山大川，并荡舟于洞庭之上"。经过这场劫难，唐寅生活放浪，狂逸不羁，尔后心情忧郁地回到苏州故里，在桃花坞筑室"桃花庵"，从此幽居不出，经常与一些知心的诗朋画友饮酒谈诗，论书作画，怨愤难平。他致力绘事，卖画为生，"日与客醉饮其中，其学务穷研造化，奇趣时发，或寄于画，镌章自署曰："江南第一风流才子"。"（见《中国文学家大辞典》《中国画家大辞典》）这一时期他在行为上更加放诞不羁，到了晚年越加消沉，开始信奉佛事。他作了一首《桃花庵歌》："桃花坞里桃花庵，桃花庵里桃花仙。酒醒只在花前坐，酒席还来花下眠。但愿老死花酒间，不愿鞠躬车马前。别人笑我成疯癫，我笑他人看不穿。不见五陵豪杰墓，无花无酒锄作田。"他那怀才不遇、不趋权贵的心境和曲折坎坷、放浪颓废的生活，溢于诗文之中。唐寅卒

时54岁，著有《六如居士全集》，到现在为止，人们还盛传唐伯虎点秋香的风流艳史，"三笑姻缘"的故事还被搬上影视舞台，广为流传。

在人们的脑子里，唐伯虎是一个轻狂风流的公子哥儿。其实，历史上的唐伯虎并非如此。苏州市文联段炳果撰文指出：唐伯虎从未自称过"江南第一风流才子"。

首先，在唐伯虎传世的诗文书画作品中，从来没见他说过这样自负的话。自29岁时的科场冤案以后，本想以"功名命世"的唐伯虎

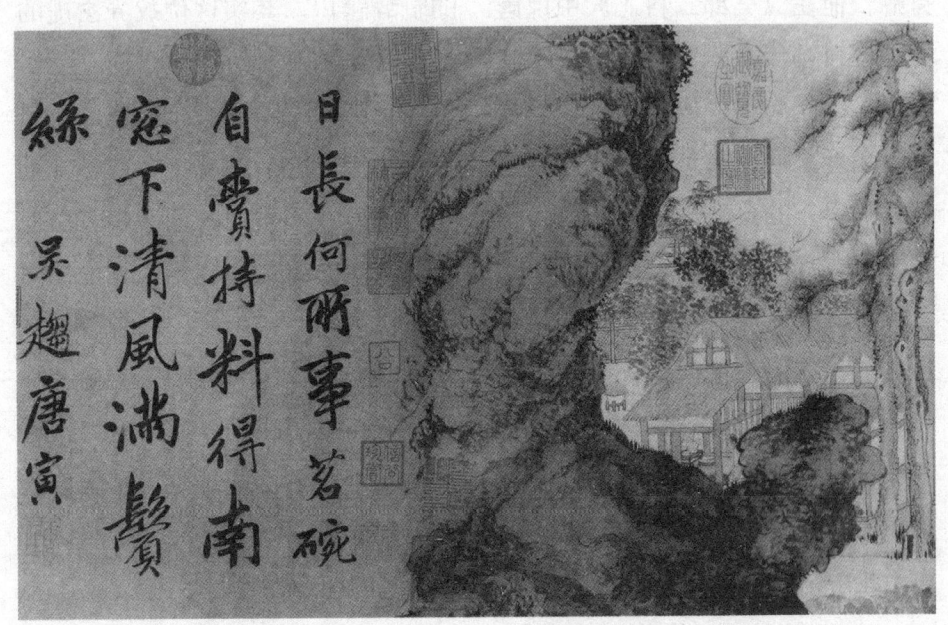

唐寅，字伯虎，可谓是明代画坛巨匠，却一生怀才不遇，"无花无酒锄作田"

变成了一个"春光弃我竟如遗"的感伤者，变成了一个"万里江山笔下生"的失意者。在这种潦倒落魄的窘境里，曾经自谓"布衣之士"的唐伯虎是绝不会说出"江南第一风流才子"之类的自大之语。在封建社会，才子作为一种美称是不可用来自称的，何况是"第一才子"呢？唐伯虎是一个尊重前人史实，笔辞严谨的艺术家，很难想象他会自称"江南第一风流才子"。

其次，从史料分析来看，目前所知的第一个谈论唐伯虎自称"江南第一风流才子"的人是明代的阎秀卿，他在《吴郡二科志》中说唐伯虎在科场仕途蒙冤失意后，图其石曰："江南第一风流才子"。从文学角度来看，《吴郡二科志》是阎秀卿所作的自娱性很强的个人见闻笔记，且阎秀卿本人的生卒年代不详，又未发现他与唐伯虎之间有什么来往，因此把他的记载作为研究考证唐伯虎的第一手材料，是经不起推敲的。这很可能是他根据唐伯虎的传闻逸事大胆虚构而成的，实无此事，殆不可信。

再次，从广为流传的"江南第一风流才子"的篆文印章来看，石章有5.5厘米见方，白文朱底，这大概是出于民间好事者之手的伪造品。因为以印章的大小论，与唐伯虎通常所作的画幅之大小颇不相称，显得过大；若系收藏印章，其刀法与字体匠气十足，而缺少文人名士的"书卷气"。尤其是在印章边款中既有"桃花庵主属戎青刻"字样，又刻有文徵明的"题六如居士诗"共四首，还有清代金石家汪启淑、"扬州八怪"中的巢林、西唐和"西泠八家"之一的龙泓等人的赞辞题识。其实这位故弄玄虚的好事者，殊不知唐伯虎于明正德十年（1515），治圃舍于桃花坞，曰"桃花庵"之后，曾刻了"桃禅仙史"这方并不多用的闲章来表白他消沉落魄的潦倒心境，当时他还写下一首绝句："生在阳间有散场，死归地府也何妨。阳间地府俱相似，只当漂流在异乡。"此时，唐伯虎已年近半百，哪里还有闲情逸致为自己再刻一方"江南第一风流才子"的印章呢？

花山崖壁画之谜

◉ ◉ ◉ ◉ ◉ ◉ ◉

当人们泛舟于广西的明江而至宁明县城北约25千米时，往往情不自禁地对东岸悬崖绝壁上的罕见奇观惊讶叹绝。这就是著名的"花山崖壁画"。

花山崖壁画蔚为壮观，画面高近40米，全长为170米。图像为赭色，虽经千百年风雨侵蚀，朱颜不退，图像依然。画像线条粗犷有力，形象古朴生动。人物共有1300余个，大者高达3米，最小者仅有30厘米。有尊巨人，头戴虎冠，挎刀骑兽，箭镞在握，气度不凡，彪炳画面之中。有些粗壮大汉，正面马步而立，两手屈肘平举，似有千钧之力。有的头扎幞头，或插雉鸡翎，腰挂环首刀，下跨骏马，似正指挥冲锋陷阵；有的屈膝侧身，双手一侧上举，似在拜物、舞蹈及跳跃。还有一些或头戴高帽，或辫发拖地的体小形卑者。在形形色色的人物之间，还夹有大小不一的圆形物体，以及似马似犬似狼似虎的动物形象，林林总总，扑朔迷离。

除花山之外，在广西的宁明、龙州、崇左和扶绥等县境内的左江和明江两崖的其他峭壁上，也有类似的壁画，只是规模较小。它们也被统称为"花山崖壁画"。

神奇的花山崖壁画，给人以深切的情思和无限的遐想。因而，美妙的传说随着潺潺的江水，相传代代。其中流传最广的一则是这样的：很久以前，花山脚下有一个岩洞，每当夜深人静，洞里就传出敲锣打鼓、弹琴唱戏的声音，而且灯火辉煌，人马来往不息。里面藏有许多奇珍异宝，村里的人都可入内借用，但必须当日归还。有一次，一个贪心的家伙借了东西不还，岩洞上便掉下一块大石，堵塞了洞口。村人急忙筹钱做斋，祈求洞中之人宽恕。斋醮结束那天，洞门打开，露出一金锅，众人都去抢夺，锅耳被拉断，洞门又紧闭。这锅耳卖了恰够打醮的费用。自此洞门未再开过，洞里的人则搬到高高的悬崖峭壁上，这就是壁画上的人物。不少传说还把崖壁画与历史上的大事件联系起来，或曰是汉代马伏波将军打仗胜利后所画；或曰是黄巢起义军与李克用率领的沙陀国交战的写照，黄巢的兵打败了，躲到石洞里，被人杀害，流出的血便映成那些人像；或曰是宋广源州节度使侬智高起义时所绘，画中人物是其未练成的兵马；或曰是明朝朱洪武与元兵战斗的纪实；或曰是清军与当地农民斗争的反映；或曰是晚清时代刘永福、冯子材或天地会众抗法所遗留，说的是"三点"指挥阴兵打番鬼；有的说它记载了当地民众为争夺土地发生械斗的情况；有不少人则坚持认为这些绘画非人力所能胜任，是大自然自己显现出来

的。

传说尽管美妙传神，毕竟不是事实。为探索花山崖壁画之真正面目，不少有志者埋首古籍，涉足实地，考察民俗，综合剖析。花山崖壁画之见诸文字，最早可追溯到明代张穆的《异闻录》一书；光绪九年（1883）刊印的《宁明州志》也有所记载。清代一些文人雅士面对气势磅礴的崖壁画，不禁诗兴大发。但直至今日，关于崖壁画的确切年代、作画原因、绘制之人，以及对壁画中人物、动物、圆形物及其反映内容的解释，尚是见仁见智，众说纷纭。

有人根据画面图像的古朴、单纯，断定其是少数民族的原始艺术品，绘制时代尚未受到汉族文化的影响，即处于中古或上古时期。

有的学者把有关崖壁画的文献记载、广西的历史记载、铜鼓与环首刀在广西流行的时代加以综合考察，判断崖壁画的形成时代是在西汉，甚至说在汉武帝之前；或曰，它们就是公元初交趾郡女子征侧、征贰领导运动的遗存。

有的学者认为画中的圆形物

（大圆中套小圆，或大圆中有一颗星）不是藤牌，而是铜鼓，其中间的星星代表太阳；壁画内容分别是队伍集合图、点将图、队伍操练和誓师图、战争图及胜利庆功图，其是古代桂西壮族人民为纪念某一次大规模战争的胜利而制作的。

有不少学者则把崖壁画考定为唐宋时期的作品。他们的主要依据是：崖壁画中唯一出现的文字"魁"字是楷书体；绘画的颜料是当时兰州出产的产量多、功用少的劣质丹砂。

有人把其与唐代西原州黄乾曜、黄少卿领导的少数民族起义联系起来，因这些西原州少数民族起义历时七八十年，规模浩大，而左江是其军事、政治、经济的中心，崖壁画势必成为其进行宣传鼓动的有效形式。

另有人推断崖壁画是太平天国时期宁明、龙津的天地会起义军所作。

还有一位学者提出，崖壁画是绘画向象形文字发展过渡时期的一种语言符号。因为这些图画都是一些抽象、公式化的单划画，形象上没有情感和动作表现，人物没有面貌，双手双足一律作弯曲形。这些符号代表的是将领、大军、俘虏及一些重镇（画中的大小圆形物表示各类重镇），反映了有关军事方面的行动。

还有的根据壁画皆制作在江河沿流深潭水旁的高山上这一特点，结合壮族的经济生活和习俗，认为壁画是壮族人民祷告水神镇压水鬼的作品。

此外，也有人对把崖壁画视作壮族文化的一贯成论提出疑义，认为画中的动物是犬而不是马；画中的圆形物是日月而不是铜鼓，因此崖壁画的作者是唐代开成、咸通年间以神犬为宗拜对象的原始居民，即处于野蛮高级阶段（部落联盟时期）的苗瑶集团。他们后来因兵燹离土远迁，才使崖壁画失去了主人。

最近，有关方面又对花山崖壁画展开更全面、更深入地考察研究。根据画面中出现的典型器物（如羊角钮钟、环首刀、有格或有首剑、扁茎短剑）在广西考古中发现的年代，根据与崖壁画图像花纹

图案类似的青铜器的年代（如越式青铜钺、灵山型铜鼓）采集若干覆盖于崖壁画上的石钟乳标本及有关木质标本进行碳十四测定，断定花山崖壁画是战国早期至东汉这段时期绘制的。他们继而对有关古文献进行研究推敲，提出崖壁画开始是由瓯骆部族或部落联盟中居住在左江流域的氏族及部落所作，后来由乌浒（俚）人继承的。崖壁画皆用赭红颜色绘成，上面的人物和动物都采用投影式的涂抹法，缺乏细部描写，这种神秘气氛正是原始宗教的反映，主要是对祖先崇拜的表现，同时也掺杂对日月、山河及图腾的崇拜。其整体内容是在祭祀祖先时对祖先功绩的追述。

随着有关专家学者对花山崖壁画进行综合性科学考察探索工作的不断深入和展开，蒙在花山崖壁画上的神秘之雾终将消失，解开这个千古之谜看来为期不远了。

《兰亭集序》之谜

公元353年暮春之初的3月3日，东晋大书法家王羲之和当时的名士谢安、孙绰等42人，在会稽山阴（今浙江绍兴）的兰亭，进行了一次别开生面的酒会。他们面前是一条弯弯曲曲的溪水，水面上漂着一只有两耳的椭圆形酒杯，酒杯顺着清清的溪水漂流而下，漂到谁面前，谁就拿起一饮而尽，并要借着酒兴吟诗咏怀，这就是盛行于汉魏至南北朝时期一种独特的饮酒习俗——曲水流觞。这次酒会留下了大批诗作，王羲之也在酒酣之际，兴致勃勃地挥毫疾书，为诗集写了一篇序，这就是著名的《兰亭集序》。这篇作品，共有28行，324个字，可谓笔飞墨舞，气象万千，达到了很高艺术境界。全文以"之"字最多，计有19字，字字别开生面，无一雷同，不愧是王羲之最得意的作品。

历代书法家无不推崇《兰亭集序》，认为它是中国行书的绝代佳作。

据史书记载，《兰亭集序》写在茧蚕纸上，笔端是用鼠的胡须做成的。王羲之也非常欣赏自己的这幅作品，曾一再叮嘱后代要好好保存，所以这幅作品在南北朝时期，一直保存在他的子孙手里，直到第七世孙智永。智永是陈代永兴寺的高僧，活了将近100岁，他去世时，把《兰亭集序》交给了弟子辨才。唐太宗李世民是一个喜欢书法的皇帝，尤其推崇王羲之的书法，他想尽办法到处搜集王羲之和王献之的真迹，除《兰亭集序》外，几乎所有真迹都被他找到了。经多方打探，唐太宗知道《兰亭集序》在僧人辨才的手中，便多次派人到辨才处讨求，而辨才始终推说这幅书法已经在战乱中丢失了。最后房玄龄推荐监察御史萧翼设计行骗，费尽心血，终于将它弄到手。唐太宗高兴极了，对《兰亭集序》爱不释手，把它视为"国宝"，对房玄龄、萧翼、辨才给予重赏，还命令名手赵模、冯承素、韩道政、诸葛贞四人拓摹一些副本，分给太子、诸王和近臣，让他们好好学习王羲之的书法。经唐太宗这么一提倡，以后学书法的人几乎都要临摹王羲之，以便从他的书法中得到启发。从此，王羲之的真书，也就成了代替汉魏笔法的书体正宗。贞观二十三年，唐太宗临死时把太子叫到了床前，对他耳语道："我想把《兰亭集序》带走。"就这样，《兰亭集序》手迹被作为殉葬品埋到了唐太宗陵墓昭陵中了，唐太宗希望他能在另一个世界里，还能继续欣赏王羲之的这幅佳作。可惜的是后来唐太宗墓被盗，《兰亭集序》手迹也从此失踪了。后世流传的只有摹本，艺术风格并不一致。现在能够看到的本子，有被认为是虞世南、褚遂良、冯承素等人的摹本。除墨摹本外，还存有石刻本。但这些传世本是真是假，一直是历史上争论不休的问题。

最早对传世本可靠性提出怀疑的人是清代生活在乾隆年间的赵魏，他认为王羲之《兰亭集序》真迹的石刻本，没有保留任何隶书的痕迹，而南北朝时期至初唐存世的碑刻往往有隶书的遗意，所以现流传下来的王羲之的真迹石刻本"若非唐人临本，则传摹失真也"。赵魏只是对《兰亭集序》的真伪提出了怀疑，而清光绪年间的广东人李文田更是大胆地质疑，认为兰亭序帖根本不是王羲之的作品。他把《兰亭集序》序文与王羲之的《临河序》进行比较，发现无论从篇名还是到文字上，两者都有很大的差异，但所讲的却是一回事。另外他还认为，王羲之的书法不会脱离汉魏隶书太远，不会写出南北朝时期梁陈以后的书体来，所以这幅书帖只能是隋唐时期的书法佳作，不是王羲之的书法作品。郭沫若先生根据新出土的文物为例证，发挥了清代李文田的论点，进一步论证了《兰亭集序》序文既非王羲之的原作，帖文也不是王羲之所书。他断定传世的序帖是王羲之七世孙智永的作品。郭沫若把与王羲之同时代的一些碑刻作品和写本，拿来和《兰亭集序》书帖相比较。发现《兰亭集序》的文字风格与同时代的作品相差悬殊。《兰亭集序》的笔法，和唐以后的楷法是一致的，把两汉以来的隶书笔意全失掉了。他又将《临河序》与《兰亭集序》比较，得出了"《兰亭集序》是在《临河序》的基础之上加以删改、移易、扩大而成"的结论。郭沫若先生还进一步研究认为：早在梁武帝时期，王羲之的真迹已经寥若晨星，而依托临摹之风却盛极一时。到了唐代初年，时间又隔了一百多年。中间经过了南北朝时期的大动乱，书画作品流失的也很多。唐太宗为了收购传世的书法作品，不惜花费重金，自然也就刺激了大量伪作的出现。而孙智永也具备了制作伪品的条件，一则他是王羲之的七世孙，特殊的身份就是最好的王牌；二则孙智永的书法也很有名，隋炀帝曾称赞他的字"得右军（王羲之做过右军将军，所以后人也叫他'王右军'）之肉"，可见他的书法造诣是很高的，他的一些书法

作品有时确实可以以假乱真；三则孙智永还会作文章。郭沫若先生认为：《兰亭集序》中的有些语句很合"禅师"的口吻，就其时代来说也相适应。所以书帖是孙智永的作品。

不同意《兰亭集序》书帖是伪作的人则认为：从序文的内容来看，《兰亭集序》的思想和王羲之的儒、释、道三者混杂的思想是一致的；从书帖的书法特点来看，也是王羲之的作品无疑。因为篆书和隶书是有传统的官书，王羲之所写的行书和真书是当时的新字体，还不能登大雅之堂，直到唐初才被公认，见于碑刻。为了郑重其事，得到官方的认可，两晋南北朝时期的写经字体含有隶书的韵味。王羲之的书帖是在书法上发挥了他的独创性，所以《兰亭集序》完全摆脱了隶书的痕迹，正是由于他有所革新，有所前进，超越前人，所以他开创的风格才成为隋唐以来书法发展的主流。持这种观点的人认为，把书帖的作者定为孙智永，属于想当然的说法，证据不足。

《兰亭集序》是真是假，看来还要继续辩论下去。

曹雪芹墓之谜

1968年冬，在北京通县张家湾村，人们正在进行平整土地的大会战。该村青年李景柱在无主墓地的地下1米处发现一块长100厘米，宽40厘米，厚15厘米的青色基石。

李景柱算是当地的"土秀才"，他见石上刻有"曹公讳墓"字样，右下角还有"壬午"两个字，便想这可能是《红楼梦》作者曹雪芹的墓志。村民还在近处挖出一具男性残骸，以为大文学家的嘴里含有宝物，便将尸骨全身分离，随意抛撒。

这天晚上，李景柱找人帮忙，把墓志载运家中，再用铅笔、窗纸拓好精心保存。

1991年，张家湾镇政府拟建公园，立碑林，李景柱无偿献出墓志。

1992年7月，新闻报道了这一消息后，"一石激起千重浪"，引起了红学界巨大的轰动，也引起了海内外学术界的极大关注。因为如果这墓志确是曹雪芹的，将有助于人们了解曹雪芹的身世。围绕着墓志的真伪，展开了一场沸沸扬扬的大争论。

文物鉴定家秦公认为，这石碑可能是伪造的。他的理由是：石碑的用石不合理，没有一个平面，说明原来不是用来做石碑的；字在碑石上的位置不妥当，墓志的最后一笔十分接近下缘；刻工很粗糙，刀法乱，有的笔画还直接借用石料上原有的斧凿痕迹；文法不合理，碑上不应称"公"，而应称"群"，如称"公"，应称其字；落款也不合理，应有立碑人等。

红学家杜景华则断定："石碑

不是伪造的。"他说，"有人疑心石碑是伪造的，但石碑出土于'文革'时期，那时没有必要伪造一块曹雪芹的墓碑。"他还认为，曹雪芹死于壬午，是胡适和俞平伯的说法，但大多数红学家持"癸未"说。如果石碑是伪造的，那碑上为什么不落款"癸未"，以迎合大多数人的观点呢？他还推测，曹雪芹死前，家境非常艰难，过着"举家食粥酒常赊"的日子。被债主们逼得没办法，曹雪芹躲到张家湾昔日曹府的一个仆人家，可没想到，曹雪芹竟死在仆人家。仆人草草将他埋掉，并草草为他刻了这么个墓碑。

红学家冯其庸也对墓碑持肯定态度。他还引证说，曹雪芹的好友敦诚《寄大兄》文："孤坐一室，易生感怀，每思及故人，如立翁、复斋、雪芹、寅圃、贻谋……不数年间，皆荡为寒烟冷雾。"敦诚的《哭复斋文》中说："未知先生与寅圃、雪芹诸子相逢于地下作如何言笑，可话及仆辈念悼亡友情否？"曹雪芹的故友寅圃、贻谋的墓都在通州区潞河边上，为什么敦诚说"与寅圃、雪芹诸子相逢于地下"呢？很可能他们同葬于潞河畔张家湾。

究竟这墓石是不是为曹雪芹立的，目前学术界还在争议中。

复活节岛上的神秘图案

人类在20世纪几乎发现了地球上所有的岛屿，探测过一切极地，实现了能绘制出完整无缺世界地图的宏愿，然而世界每个角落居住过什么人，他们曾有过怎样的文化，却远未搞清楚。地球上最神秘的地方，莫过于散布在大洋中的岛屿，那里因为与世隔绝，有着别处不可能有的事物。复活节岛——位于南纬27度的太平洋上的一座小岛便是这样。

1722年4月22日，荷兰航海家雅各布·罗杰文第一个驾船来到此地，在他留给后人的航海日志中，记载着当时许多惊奇的发现：当地的土著居民称这里为拉帕努伊，这些人赤裸的躯体上，密密麻麻纹有各种各样的小鸟以及数不清的蜥蜴、鱼等小动物图案；在小岛的尽头，高耸陡峭的海岸斜坡上站立着一排用巨石凿刻成的人头像，每个重量都在30吨以上。它们都有长长的耳朵，大大的鼻子，表情庄重肃穆，令人望而生畏，俨然一副小岛卫士的神态。雅各布看见土著人正匍匐在地，顶礼膜拜。这样的头像在全岛少说也有数百个。人们还没来得及搞清楚如此庞然大物是怎样矗立起来的，近年来又发现这些巨像的后脑勺上刻有和土著人身上一样的小动物花纹，一个紧挨一个。当年，雅各布和他的荷兰船队水手用枪打死了许多土著人，因此只住了一天便匆忙逃跑了。由于这天刚好是复活节，他便在地图上以复活节岛标明该处，一直沿用至今。

这些神秘的图案究竟代表什么意思，人们一直没有停止过探究。

20世纪初，欧洲各国的一批传教士对此取得了突破性的进展，他们在岛上找到了刻有该种图案的硬木板。牛角大小的硬木，自左到右刻满像蝇头小楷似的带翅膀的鸟型人、两足怪兽、船、星辰、太阳、蜥蜴、癞蛤蟆、乌龟、鱼……目前，全世界仅留下了20块这样的硬木板，分别保存在伦敦、柏林、华盛顿、圣地亚哥、圣彼得堡、火奴鲁鲁的大型博物馆内。第一代收集者首先注意的是，它们和埃及象形文字的某种雷同，但即使住在复活节岛上的居民也无法解释哪怕一个符号，全文的意思就如天书。1951年，澳大利亚考古学家罗伯特提出，硬木上的鸟型图与印度尼西亚苏门答腊岛上的画法完全一致，引起学术界的轰动。美国和德国学者认为，鸟型符号在所罗门群岛民间艺术中也能找到痕迹，他们进而推论，在当时的太平洋波利尼西亚本土上已有文字流通，只是后来消失了，而在复活节岛上则奇迹般地留存了下来。法国学者梅特罗在20世纪30年代对复活节岛进行了大型的考古调查，认为该文字和中美巴拿马的印第安文字同属一脉。总之，这种语言几乎与世界很多地方有千丝万缕的联系，其中也包括和汉字的牵连。

使人们惊讶万分的是，这座海天相连的孤岛，何以会与世界有如此千丝万缕的联系呢？1962年，法国探险家弗朗西斯·马赛尔经过考证后，第一次大胆设想，这里所发生的一切，也许是由某种非地球因素的干扰所致，如某种射线的照射，使岛上居民至今恐怖阴影不散。对那些龇牙咧嘴、鹰钩鼻的长耳巨人的膜拜就是他们诚惶诚恐的写照。以后，这类理论日渐增多。苏联学者叶莲娜·彼德罗夫娜在她的专著《神秘史》中写道：复活节岛已有400万年的历史，它是由居住在从印度洋到太平洋辽阔疆土上的"巨人族"所创立的。后来的拉帕努伊只是这块大陆消失后的残存部分……五花八门的解释终因缺少证据而被淘汰，有人在国际人类学协会的专题研讨会上干脆否定这不是一种文字，而是某种织物的花纹印记。

俄罗斯学者康·费奥多罗娃持完全相反的意见。她在圣彼得堡的

人类学博物馆潜心研究三十余年，得出的结论是，每个符号都是字，字与字组合成有独立意义的词。这类小动物形状符号一共有790个。她工作时，把当代拉帕努伊语搁在一边，单以波利尼西亚语言知识为参照，然后从硬木板、巨人后脑勺上面有限的图画符号中通过直觉、猜测，寻找某种规律性的关系，就像门捷列夫的化学元素周期表那样。遗憾的是，直到1996年，她都未能把790个符号全部释读出来。这些文字，究竟隐含着什么意思，人们不得而知。估计关于复活节岛象形文字的争论、探究在将来还要继续。

复活节岛的神秘岛主之谜

◉ ◉ ◉ ◉ ◉ ◉ ◉ ◉ ◉ ◉ ◉ ◉

举世闻名的复活节岛上，现在居住着波利尼西亚人，但他们却不是岛上的原主人，那么，真正的岛主是谁呢？岛主当属该岛名扬世界的石像。

复活节岛虽然孤处一方，但世界上很多人都听说过那些遍布全岛的石像。这些被当地居民称为"莫阿伊"的石像，有着非常明显的特征：形态各异的长脸，略微向上翘起的鼻子，向前突出的薄嘴唇，略向后倾的宽额，垂落腮部的大耳朵，刻有飞鸟鸣禽的躯干以及垂立在两边的手，这些奇特的造型赋予了石雕独特的风采，使人一眼就能认出它们。另外，有些石像头上还戴有圆柱形的红帽子，当地人称为"普卡奥"，远远看去，红帽子颇似一顶红色的王冠，这更给石像增添了尊贵、高傲的色彩。但是，并非所有的石像都享有这种特权，戴帽子的石像仅30多尊而已，只分配给岛东南岸15顶，北岸10顶，西岸6顶，这些佩戴红色石帽的石像宛如众多石像中的贵族。称这些石像为岛主并不过分，因为据调查，远在最早的土著居民登岛以前，这些石像就已经存在，并且随着现代化传播手段的发展，越来越被人们所认识，也有越来越多的专家和学者们提出了越来越多的疑问，比如：宗教学家的疑惑在于如果石像是一种宗教膜拜，那么，它们代表了何种宗教，又被何人所信仰？建筑学家们想知道石像是如何加工、运输并竖立起来，再给它们戴上帽子的，完成这些工程是使用何种工具和设备？历史学家感兴趣的是，石像是什么时代完成的？人类学家感兴趣的则是，这批石像应归属何种文化，又有何切实的含义？

这些石雕人像一个个脸形窄长、神情呆滞，造型一致，表明它们的制作者是依照统一的蓝本加工的。这种情形肯定与艺术创作无关，反而在各种宗教中屡见不鲜，相同表情、形态的塑像被反复拷贝，以供人膜拜。

而石像造型所表现出来的奇特风格，也为别处所未见，从而说明它是未受外来文化影响的本岛作品。可见，说石像与宗教有关似乎也说得通，尽管探寻其中的真正答案已是不可能，然而不可能的奇迹还表现在其他方面：这批石雕人像小的重约2.5吨，重的超过了50吨，有的石像上还戴着石帽，石帽也是件吨位沉重的大块头。它们究竟是如何被制作者从采石场上凿取出来，如何加工制作，又采用什么办法，将它们运往远处安放的地方，使之牢牢地耸立起来？前几个世纪岛上居民还未掌握铁器，但是采石场上坚硬的岩石，像切蛋糕似

谁是复活节岛上的真正主人，难道是这些石像

的被人随意切割，几十万立方米的岩石被采凿出来，到处是乱石碎砾。加工好的巨石人像被运往远方安放，采石场上仍躺着数以百计未被加工的石料，以及加工了一半的石像。有一尊石像最奇妙，它的脸部已雕凿完成，后脑部还和山体相连。其实再需几刀，这座石像就可与山体分离，成为成品。然而，从采石场废弃的石料，一件件进度不一的作品，清晰的凿痕当中不难推测当时是突然停工的。可是，为什么会在刹那停止呢？究竟发生了什么事？

许多学者还研究了分布于小岛各处的600多尊石像，以及几处采石场的规模等情况，认为这些工作最少需要5000个身强力壮的劳动力才能完成。他们做过一项试验，如果靠纯人工来完成的话，雕刻一尊不大不小的石人像，需要十几个工人忙一年。如此一来，600多尊石像，也需5000多人干上一年多。随之而来的问题是，在当时，岛上无树木、无耕地，这么多人的吃饭问题如何解决？如果由周边国家提供，那么如此庞大的物资调动，为何在任何一个国家的史料当中全无记载？另外，雕像是如何运输的？古代的运输通常为滚木滑动，但岛上并无树木，当然已无滚木滑动的可能。即使人工拖拉完成，但石像上的帽子是如何戴上去的？须知一顶石帽，小的也有2吨，大的重约十几吨。要把这些石帽戴到巨石人像的头上，又需要有最起码的起重设备。岛上树木不生，连滚木滑动这种最原始的搬运设备都不可能存在，吊装装置就更成了虚有之物了。以上种种都是令人难解的谜团，所有的推论也就是一家之言。或许，对这种种疑问都感兴趣的读者，会有自己更精彩的答案。

古埃及人种族之谜

◉ ● ◉ ● ◉ ● ◉ ● ◉

　　埃及是世界闻名的四大文明古国之一，古埃及人所创造的光辉灿烂的文化，引起一代又一代人的猜测和想象：六千多年前已达到相当水平的制陶、织布、缝衣、编篮等技术；5500年前的城市建筑、象形文字和冶铁术；5000多年前出现的古代国家；4000多年前建成的内部结构复杂、外观巍峨雄伟、被誉为"古代世界七大奇观之冠"的尼罗河西岸的金字塔群；不可思议的金字塔墓碑咒语和木乃伊及气势雄伟、技艺精湛的"迷宫"；把尼罗河的泛滥与太阳和天狼星同时在地平线上升起联系起来而创立的令后人叹为观止的天文学……以至于有人把古代埃及人的神奇智慧归之为"太空来客"。

　　神秘的埃及早就引起了古希腊人的注意。希罗多德的《历史》使希腊人对埃及人的观察留传至今。托勒密诸王对埃及文化的独创性也大为惊奇，曾于公元前3世纪下令就政治、宗教和社会生活各个方面编写一部法老埃及史。一个埃及出生的人——曼涅托，受命主持撰写，遗憾的是，这部著作因亚历山大图书馆被焚而不幸失传，唯有为别的书所引用的部分段落被保存了下来，从而使埃及的历史保存了一个可信的轮廓。公元6世纪，查士丁尼一世在位时，最后一批埃及神庙被封；种种法老文字通通被排斥，只有口语在科普特语中得以留存，书面语却逐渐失传了。直到1822年，让·弗郎索瓦·商博良（1790~1852）译解了这种文字，人们才再一次得以理解由埃及人自

埃及是一个神秘的民族，连同他们的种族也成了世人探讨的话题

己写下的种种古文件，从而使埃及相对成为整个非洲最富有史料的地区。但是，这些史料是那样残缺不全，对了解埃及历史仍然是沧海一粟；尽管有考古提供的资料作为补充，但阵阵迷云仍然掩盖着古埃及人所走过的历史道路，使人无法看清而无法推测。其中最为扑朔迷离者之一，就是尼罗河流域的古代居民问题。

"埃及"一词系由古希腊语"Aigyptos"演变而来，起源于古埃及孟斐斯城的埃及语名"Hikuptah"（意为普塔神灵之宫）。在埃及至今尚未发现早期人类化石，但在尼罗河谷地和利比亚高原等地却发现了一些旧石器时代的遗物，其中最早的可追溯到六七十万年前，甚至100万年前。一般认为，尼罗河流域出现居民大约是在一二万年前。古埃及人来自何方？属何种族？这是长期引起人们激烈争论的问题。

关于埃及早期居民是"白种人"或"黑种人"的辩论开始于1874年。一个世纪后，联合国教科文组织就此问题在开罗主办了一次学术讨论会，与会专家展开了激烈的争论。一派认为，埃及的最早居民是"黑人"。他们提出的人类发源于非洲的"一祖论"认为，最初的人类必然属于同一人种——尼格罗人。人类的出现首先是在非洲尼罗河发源处地区。那时北非的气候温和潮湿，雨量充沛，满布着草丛和森林，各种动物隐没其间，当时的居民以渔猎采集为生。按格洛吉尔氏定律，在温暖潮湿的气候中进化而来的热血动物会分泌出一种黑色色素（真黑色素），人类也不例外，因此，地球上最初的人类在种族上是同一的。人类从这一原始地区扩散到世界其他地区，唯有两条道路：尼罗河流域和撒哈拉。在尼罗河流域，这一扩散发生在旧石器时代早期和原始历史时期之间，是沿着自南而北的方向逐步进行的。该派列举的证据有：在马里埃塔发掘的木乃伊的表皮和真皮之间发现相当数量的黑色素；希腊和拉丁学者都把埃及人描写为尼格罗人，其中有希罗多德、亚里士多德、卢西安、阿波罗佐鲁夫、埃斯奇里斯、阿基里斯·塔蒂乌斯、斯特拉波、狄奥多勒斯·西库卢斯、迪奥吉尼斯·拉尔蒂阿斯、安米亚努斯·马塞利努斯等人；《圣经》中的传说也认为埃及人是"含"的后代（"含"是"哈姆"的同义异译）；古埃及人自称"KMT"［其后常用的Hamte（含米特人）一词即源于此词，此词也以"Hcnn"形式见于《圣经》］，这是"法老语言中用以指黑色的最有力的一个词"；古埃及人称他们的国土为"Kmt"，意为"黑土"，有别于未经河流灌溉的"红土"（即"沙漠"）。古埃及"从其新石器时期的幼年直到本地人建立的王朝的终结"，居民一直是黑种非洲人。

另一派认为，早在王朝之前时期，生活在古埃及的人是"白种人"；尽管他们的色素为暗色，甚或是黑色。尼格罗人是从第十八王

古老的民族留给人们一重又一重的迷雾

朝以后才出现的；也有人认为从王朝初期以后，居民一直未变。

还有一派认为，古埃及居民是混合种族。人类进入一个荆棘丛生、野兽出没的河谷，绝非一蹴而就，他们在那里逐步拓地而居，经历了几千年。在此期间，无论是人类集团的密度或气候的变异都迫使他们寻求更多的资源或较大的安全。由于整个尼罗河谷，尤其是埃及位于非洲大陆东北角，它不可避免要成为不仅来自非洲别处，也来自中东的人们长途迁徙的终点。根据人类学家的研究得知，在尼罗河谷发现了几具非常古老的居民骨骼，已辨认出他们属于克鲁马浓人、亚美种人、尼格罗种人、卢科德姆人等。混合种族的基本成分随时间和空间而异。尼罗河流域居民不可能从最初起直到波斯人入侵为止纯属单一种族。另外，根据留传

下来的埃及艺术品中形形色色、各不相同的肖像总体来看，古代埃及居民也绝非同一种族。那些肖像有的颧骨高耸，有的肥胖、卷唇，有的鼻子略呈弓形，最常见的却是鼻大而直，在南方特别常见的是扁平的鼻子和较厚的嘴唇。根据人类学家的最近研究成果可知，从体质角度、按照头发的性质和皮肤的颜色来判别极古老的、例如属于旧石器时代的人类属于什么种族是靠不住的。

与会者还就古埃及居民大规模移入的方向、时间展开了讨论。

关于古埃及居民的种族问题的争论，后来，联合国教科文组织在开罗主办的学术讨论会并没有匆匆得出结论，由于史料的局限，看来也不会很快偃旗息鼓，它仍将是困扰史学家们的一个难解之谜。

美洲印第安人来源之谜

◉ ◉ ◉ ◉ ◉ ◉ ◉ ◉ ◉ ◉ ◉

　　幅员广袤的美洲大陆，在欧洲殖民主义者染指以前，原是众多土著部落的自由土地，1492年，哥伦布登上圣萨尔瓦多岛，狂喜中误将美洲大陆当成了东方的印度，并且一误再误地把包括因纽特人、阿留申人和易洛魁人等在内的当地土著民族一概唤作"印第安人"。

　　美洲印第安人的形象一旦显现在人们的视野中，一个颇费猜测而又意义重大的问题便产生了：这些强悍的土著居民究竟最初生活在世界的哪个角落呢？是在美洲大陆上土生土长，还是从其他大陆迁徙来的呢？从16世纪以来，围绕这一问题，人们给出了形形色色的解答。

　　早先的猜测来自当时进入美洲大陆传送"福音"的传教士。一位西班牙神父认为，原先居住在巴

勒斯坦北部的希伯来人部落，于公元前7世纪时因战祸来到美洲避难而定居下来，他们就是美洲人的真正祖先。16世纪中叶出版的《多种语言圣经》一书，还指出美洲土著居民的祖先就是《圣经》人物诺亚的儿子史姆。甚至还有人以传说为据，认为大西洋中曾有过一个阿特兰提斯岛，在一场地震后遭到灭顶之灾。岛上的居民纷纷逃离，其中一部分人来到美洲，成为印第安人的祖先。

　　这类天方夜谭式的臆测显然难以令人置信。19世纪以来，随着考古学和古人类学等学科的迅速发展，一种把印第安人视作民族迁徙结果的见解开始流行。许多学者提出，鉴于对北美洲长久的考古发掘，至今尚未找到类人猿或直立猿

之类的人类近亲的遗迹，因此可以认定，美洲印第安人是从西伯利亚移居而来的蒙古族旁系种族或蒙古族以前的种族派生的。持这种见解的有美国的亚历斯·赫古德利克、英国的赫顿·布罗德里克和中国学者黄绍湘等人。在关于移居路线方面，一般都认为是取道北美洲西部的白令海峡，从阿拉斯加岛屿登陆

而入的。但对于迁徙的时间，则存在着一些不同看法。有的认为当在25000年前，也有人认为至少在五六万年前，或认为不过一万年左右，等等。

认为印第安人是亚洲蒙古族后裔的学者，许多是从人种学上寻找证据的。他们准确地指出，美洲印第安人与亚洲人在种族特征上最

在美洲大陆上土生土长的印第安人创建了自己独有的文明

为相近，如头发乌黑粗硬，汗毛稀疏，脸部平宽和颧骨凸出等。

后来也有人试图运用考古资料来证明北京猿人是美洲印第安人的远古祖先。他们论证了亚洲远古人类分别从落基山脉西侧和北部进入美洲地区的路线；指出在晚更新世时，亚洲古人类曾多次向美洲大陆迁徙，并逐渐创造了与亚洲东部具有相同特征的文化，因为从近年来在东亚、东北亚和美洲发掘出的古人类遗物来看，这些地区的古文化有着密切的内在联系。

作为对上述见解的补充，有人还提出大洋洲人（澳大利亚人、毛利人和波利尼西亚人等）也是一部分美洲印第安人的祖先。他们提出南美洲印第安人在种族特征上与亚洲蒙古人种之间存有一些差异，就是受了大洋洲人的影响。一些地区出土的古人类化石在特征上的共同点表现为：身材短矮、下巴突出、脑壳后伸和眉弓突出等。此外，在最早的印第安人语言中，也存有数百个被认为来自大洋洲的词语。

还有一种不同的意见，认为美洲印第安人的祖先来自南北极，指出地球在形成之后，南北两极最先开始冷却。因此，那里是最早具备了生态条件的地方，能够生长动植物乃至养育人类。

与上述各种"迁徙说"截然不同，也有不少学者提出了美洲印第安人是土生土长的看法。美国的萨穆埃尔·莫尔顿和瑞士的路易斯·阿加西斯等人就持有这种看法。他们指出，正如世界上其他大陆能够产生其他人种一样，美洲大陆所具备的生态条件和环境也能够产生自己的人种。美洲印第安人便是生于斯长于斯的例证。他们在美洲各地孤立地演进到全盛时期。甚至还有人由此进一步认为，地球上所有的人类都发源于美洲大陆，并随后向世界各地扩散。因此，基于这一见解，他们提出了"美洲是人类的摇篮"的论点。

美洲印第安人的起源问题是伴随着美洲"新大陆"的开辟而产生的。在经历了几个世纪的探索和争论后，人们至今仍然是欲穷底蕴而不能。

非洲岩画作者之谜

　　长期以来，人们提到撒哈拉沙漠的时候，想到的总是黄沙和死亡。然而，随着近代地质学家、考古学家连年不断对这片大漠进行探险、考察与研究，人们发现撒哈拉并非自古就是不毛之地。科学家们考察后发现，在八千多年以前，这里曾是遍地牛羊，土地肥沃的草原。而在史前时代，撒哈拉已经是一个有人居住的地方了。

　　该地区洞穴中或岩石上数以千计的古代图画为科学家们的这种说法提供了最有力的证据，考古学家在这里发现了大量的壁画。这说明，撒哈拉沙漠曾出现过高度繁荣的远古文明。

　　撒哈拉沙漠的壁画是写实主义风格的。在这些壁画上，我们可以看到奔跑的长颈鹿、跳跃的羚羊、慢腾腾的水牛、凶悍的鸵鸟和两只大象聚集在一起的情景。从这些画面中，我们看不出撒哈拉沙漠跟死亡有任何关系。

　　这些壁画被证明已经有了4800～8000年的历史。也就是说，在距今4800～8000年前的时候，这里已经是一个相当文明发达的地方。在塔基迪多马坦的石壁上，有一幅五千五百年前的岩石画。从画面中，我们可以看见牧人们在忙碌，一只水牛拴在小屋前，一只长角牛正从牧地回来的情景。这些壁画告诉我们，早在五千多年前，这里的农民们过着悠闲自得的田园生活。

　　不过，在这些五千多年前的壁画中，人们不但看到了以上的这些情景，还看到了一些非常现代的神秘人像。他们的上身穿着精致的短上衣，有的还戴着头盔，头盔上有两个可供观察的小孔，头盔用一种按钮与躯干部服装连接，整件衣服活脱脱就是一件宇航服。在撒哈拉的塔希里山脉，有一些被称为"伟大玛斯神"的岩画，画中的人像戴着圆形的密封头盔，穿着连体的紧身衣，很像现代宇航员的样子。结合该地壁画的写实性，我们唯一能够得出的结论就是，这些事物在当时的确已经存在。但是，为什么会存在这些事物呢？难道说，人类的智慧在那个时候就已经发展得如此发达了吗？显然不对，因为，根据当地土著人的特点，我们敢肯定，这里的文明在那个时候不会如此发达。那么，难道这些是外星人所为？或者说，早在七千多年前，其他行星生物已经到过撒哈拉沙漠？如果是，又有什么证据呢？

非洲纳米比亚的布半德山崖上的壁画也同样闻名于世。这些作品中竟然有一幅画上画着一个现代打扮的白人女郎。她肤色白皙，鼻梁高而且直，留着现代的发型，身穿短袖套衫和紧身裤，臀部包得很紧，脚穿吊带袜和靴子，手持莲花，发型与现代女郎完全相似，头发上、胳膊上、腿上和腰部还都装饰着珍珠。有人曾经怀疑它是伪品，不过经著名考古学家艾贝·希留尔鉴定后确认它是七千多年前的真品。

这里世世代代只有黑人居住，只是在16世纪才出现过白色人种。就算传说中的腓尼基人，那也只可能是两千多年前的事。那么，这个白人的贵妇是怎么在七千多年前来到这里的呢？

另外，据考证，人类穿衣服的历史不过有四千六百多年，而纳米比亚的许多土著黑人直到如今还衣着很少。人们不禁要问：远古时代的非洲西南部黑人何以能够超越时空呢？

这里的艺术水平和科技一样先进得让人不可思议，一幅八千年前的刻于石壁上的羚羊壁画被证明是一件最传神、最古老的艺术珍宝。

看来，在撒哈拉，被黄沙埋葬的是一个又一个的谜。

古人的天文台之谜

天文学被认为是近现代才出现的一门学问，而建造天文台则更是只有近二三百年的事儿了。可是真是这样吗？考古学家否定了这种认识。实际上，考古发现，早在史前时代，人类已经建立了天文台，这究竟是怎么一回事呢？

这座古人的天文台很古怪，它是由19根石柱组成的。石柱上雕刻着各种奇形怪状的花纹，顺着这19根石柱看去，刚好能看到一个个的星座。这就是位于非洲肯尼亚共和国北部，图尔卡纳湖（前称"鲁道夫湖"）以西的荒原上的那19根著名的石柱。这19根石柱并非出自现代人之手，经测定它们的年龄大约为2300年。也就是说，这19根石柱大约是公元前300年左右被竖立起来的。

这些石柱之间的间隔很小，一般距离不超过一米。石柱上的奇形怪状的花纹左右对称，其中有毒蛇和鳄鱼等动物形状。传说在遥远的古代，有19个人因触犯了天条而受到天神的惩罚，于是他们被变成19根石柱，永远站立在荒原上，仰望着天空，祈求天神的怜悯和恩赐。当地居民图尔卡纳族人相信这个传说，把荒原石柱称为"纳穆拉图恩加"。在图尔卡纳族的语言中，"纳穆拉图恩加"是"变成了石头的人"的意思。直到现在，图尔卡纳族人仍然相信这个传说，他们还在石柱顶上用小石块堆成小金字塔形的锥体物，向天神诚心祭拜。

在这些石柱上，较多的是酷似字母"E"的图形。据调查，肯尼亚共和国的莱恩基列族人从古至今都盛行着一种奇特的风俗习惯：那里的人们喜欢用小刀或其他锋利的器具在自己的手上划三个"E"字形的伤口，再在伤口上搽上盐，这样，等到伤口愈合后，"E"形的伤疤就更加突出显眼，并且永远留下来了。除此之外，他们还爱在家畜身上盖上"E"字形图案作为戳记。难道说石柱上所刻的"E"字图形与莱恩基列族人在自己手上所划的和在家畜身上所盖的"E"字图形之间有什么联系？就像这些石柱上的"E"字图形一样，那些族人身上的"E"字也是一个谜。

过去，这19根石柱并没有引起考古学家的注意。不过，从1975年开始，这些石柱就成了考古学家们非常热衷的一个研究课题了。因为就在那一年，人们发现石柱之间连结成的几何线条可以确定天空中一些星座的位置。而且，没有丝毫差错。难道说这是古人的一座奇特的天文台？西侧的第15号和第18号石柱，是观察天空中星座的基本石柱。观察者站在它们的背后，就能经过其他石柱的顶端划出一条条线，指明星座出现的空间位置和这些星座在天空中移动的足迹。

不过，在这19根石柱中，最高的第11号石柱和最短的第19号石柱组成的线条却不指向任何一颗星座。究竟第11号和第19号石柱的作用是什么呢？和前面所说的是不是一种偶合呢？

神秘的古代钱形图案

古代的许多建筑让现代人感到不可思议，日本海滩上的钱形图案就是其一，考古学家认为这个图案在海滩上已经存在了三百多年，可是奇怪的是，三百多年的潮起潮落却没有让它消失。

这个图案只有站在日本香川县财田河左岸的琴弹山上才能看到，如果我们站在那里，向茫茫大海的方向望去，看不出任何与其他地方的不同。不过，如果人们把注意力集中在琴弹山脚下的那一处海滩上，奇迹就出现了。这个海滩名叫"有明海滩"，海滩上有一个巨大的钱形图案。这个钱形图案是挖掘沙子筑成的。人们如果在海滩上行走，即使走到它的跟前也不会发现这一个图案，只会误认为看到的是一道道沙沟。可是登上琴弹山，从高处往下看，景象就不一样了，沙沟的的确确会显示出一个巨大的钱形图案。

这个钱形图案特别像中国古代的铜钱，圆形方孔，方孔周围还有四个十分清楚的大字："宽、永、通、宝"。不过这个方孔可不像一般的方孔那么小巧。这个钱形图案其实是椭圆形的，不过站在琴弹山上人们看到它是一个十分圆的图形。

从"宽、永、通、宝"几个字中，人们很容易把这个钱形图案和宽永联系起来，日本的确有一个年号叫"宽永"。于是人们就相信了这样的一个传说：宽永十年（1633）的时候，日本的龙丸藩主要到这里来巡视。由于龙丸藩主特别喜爱钱财，所以当地的官员们为了巴结他，就在海滩上为他挖筑了

宽永通宝

一个很大的钱形图案。这个传说不见于任何正史，所以很难取信于人，并且，即使是这样，海水也有可能把这个图案破坏。

有些迷信的日本人倒是更愿意相信另一个传说，据说，日本人信奉的一个大神——八幡大神居住在天上的宇佐神宫里面。日本国大宝三年（1703），有一天夜晚，八幡大神乘坐着一只发光的船，从宇佐神宫飞到了琴弹山。第二天早晨，琴弹山脚下的海滩就有了这个巨大的钱形图案。于是，人们就修建了一座神殿，来祭祀八幡大神。

不过，这只是一个神话，它比上一个传说更难让人相信。历史学家告诉我们，"宽宝"是日本17世纪的一个朝代，离现在已经有三百多年了，也就是说，这个钱形图案至少是在三百多年以前挖筑的。三百多年前的一个图案，到现在仍然保存得十分完好，这就是人们最难理解的地方，因为海滩毕竟不像岩石，海潮冲洗的时候极有可能把这个图案毁坏。

更让人难以理解的是这个图案只能从高处看到，如果是这样的话，那么图案制作的难度就非常大了。三百多年前，日本的科技并不发达，不会具有在高空中制作这么大的一个图案的能力。

于是有人认为，制作这个钱形图案的并不是地球人，而是外星人。传说中的那个"八幡大神"就是外星人；"八幡大神"乘坐的那个发光船就是飞碟。不过，假如是外星人制作的，外星人怎么会通晓地球人的文字呢？而且，外星人究竟为什么要制作这样一个钱形图案呢？

一些人经过慎重考察之后认为，这个钱形图案就是地球上的人类做成的，那是古代人民的智慧结晶。他们推测说，在创造这个钱形

图案的时候，指挥者站在海岸边的琴弹山上，通过旗语来指挥海滩上的人们进行挖筑。这样，人们就可以在统一的指挥下完成这项巨大的工程了。只有这样，才能够解释他们创造出的图案是椭圆形，而在山顶上看到的就是圆形的了。

这种说法听起来好像还是有些道理的，不过，这个钱形图案到底是什么人挖筑的呢？他们为什么要挖筑这样一个钱形图案呢？这个钱形图案到底是什么年代创造出来的呢？这个钱形图案为什么能在大海波涛的冲击下长久地保存下来呢？

三百年并不遥远，对今天的人们来说，三百年前的日本也不陌生，不过，这个钱形图案跟人们的距离却好像远远不止三百年。

南美人像之谜
◉ ◉ ◉ ◉ ◉ ◉ ◉

哥伦布发现美洲的时候，整个世界都震惊了，不过，哥伦布真的是第一个踏上美洲的人吗？在过去，从来没有人怀疑这一点。可是，研究却表明，事实上并非这么回事。在南美洲发现的一些人头像告诉我们，早在三千多年前，世界各地就已有人到达过南美洲。

在墨西哥的委拉克斯有一个石雕人头像，一看就知道他是个非洲黑人。他的嘴唇很厚，前额非常圆，这是尼格罗人种的特征，与美洲印第安人的相貌完全不同。而在墨西哥的特南哥地方，曾发现过一个奥尔梅克文化时代雕刻的翡翠人头像。这个头像的鼻部已经破损，人们从他扁平的脸形，并不凹陷的眼窝、眉毛、前额和颧骨的特征，

一眼就能看出，这是个中国人的头像。另一具中国人的石雕像是在危地马拉被发现的。在危地马拉除了有中国人的石雕像外，还有鼻梁又高又直，下巴上蓄着长长的胡子，看上去像古代腓尼基人的雕像。

巧合是不可能解释这种现象的，因为艺术是生活的反映，没有原型，人们的想象力没有那么神奇，不会把地球上那么多人种的头像都想象出来。于是，人们开始相信古代中国人曾到过美洲的猜测了。另外，据说史前腓尼基人也曾到过美洲。不过，这些毕竟还都是尚未证实的假说。最难理解的是那个非洲黑人的头像，他们怎么可能来到遥远的美洲呢？当然，假如古代的美洲人想搞陈列或展览的话，这种情形也许就不足为怪了。假如

是这样的话，新大陆就不是哥伦布发现的了。

另外一点也让人同样感到惊奇。1939年，考古学家斯特林在墨西哥东海岸的原始森林中，发现了一批巨大的石雕头像，最大的高4.6米，重约60吨，都是用一整块一整块的玄武岩雕成的，而100千米之外才是采石场。3000年前，这里生活的奥尔梅克人还处于原始的阶段，既没有车子，也不会使用牲畜，如此巨大的石雕他们怎么运输呢？

大概最让人感到不可思议的还是墨西哥夸特林昌村的河床上的那座雕像，这座高7.5米，直径4米，

莫名伫立在南美洲的人像有着迥异的相貌

总重量167吨的石雕像上雕刻着"不得随意移动，否则暴雨无情"的字样，而且挪动石雕，导致水灾的具体时间也被一并标注了。

为了保护这一珍贵文物，墨西哥政府决定将石雕像运往首都。1964年4月16日，政府开始移动石雕，石雕被安放在国家博物馆的主楼前，令人难以相信的是，这个庞然大物刚刚安放完毕，暴雨便滂沱而至，仅第一天的降雨量就超过了40毫米，是墨西哥105年来的最高日降雨量，全国城乡到处都闹水灾，哀鸿处处，唯独早已做好了防洪抗涝准备的夸特林昌村民安然无恙。从此以后，这座神秘莫测的石像由警卫队昼夜守卫着，再也不敢让人随便动了，看来，墨西哥政府是怕了。

不但如此，墨西哥政府还组织了一个探索与研究古雕奥秘的工作小组，但是，尽管他们已经研究了三十多年，奥秘仍然是奥秘。

裸像玄机

◉　　◉　　◉　　◉

他身高55米，头小而秃，仅具粗略的五官，但肋骨、阴茎和睾丸却裸露着。右手握着一根37米长的锯齿状棍子，高举过头。

他是刻在英格兰南部多塞特一处山坡上的塞涅巨人，也是不列颠群岛上历史最悠久、最令人迷惑的古迹。千百年来这个巨人饱受风雨侵蚀，看尽沧桑变化，一直挥舞长棒，摆出一副吓人的姿态。尽管时间已跨入了新世纪，然而我们对这巨人仍然不知根底。

最古老的传说是：该巨人曾是一只偷吃居民羊只、扰民安宁的怪物。后来，不堪其扰的居民们趁其熟睡时，将其杀死，并把他的形象刻上石壁，以示胜利。另一个传说是，希腊神话中的海格力斯，常被画成赤身裸体，手持巨棒。在崇拜海格力斯的教派里或许就包括不列颠群岛的居民，于是他们雕刻了石像，日夜膜拜。关于裸像雕刻于何时，也众说纷纭。也有人怀疑此裸像是后人所刻用来假冒古迹，但当地流传的偷羊巨人传说却支持此像雕刻于古代。

此外，这个巨像与其他山坡上所刻图像相似，那些图像位于史前古墓附近，说明是史前雕刻的。

然而，对于古人为何要刻上一个裸体的巨人图像，以及这个图像有何用意或有何玄机，议论结果也莫衷一是。较严肃的观点认为是当地居民要为神灵画像，就像后来的基督徒画圣母像一样；较离奇的观点是认为这个石像干脆就是外星人所为，或是某人想吸引外星人的异想天开之举。获得最多支持的观点是某学者的解释：在英国传统风俗中，有求孕的祭祀，大都与古代遗址有关，所以很多人相信巨人是多神教求孕的象征。巨人拿着的粗棍指向特伦德尔，因为那里曾举行过求孕祭祀。无子妇女只要在那里过一夜就会受孕，没有生育力的夫妇若在巨人像上睡一夜，肯定可以有孩子。如果此说成立，则裸像的玄机就一目了然。然而，生育科学却绝不会认同此论。所以，裸像真正的玄机，可能将成为谜海一沙，永沉海底。

最古老的人类脚印之谜

◉ ◉ ◉ ◉ ◉ ◉ ◉ ◉ ◉ ◉ ◉

　　人类学家告诉我们，截止到今天，人类史已经有400万年。可是，一项新发现震惊了整个人类——竟然有人发现了恐龙时代的人类脚印！要知道，恐龙可是在6400万年前灭绝的。

　　也就是说，到今天为止，人类发现的最古老的人类脚印并不是类人猿的脚印，而是恐龙时代的古人类的脚印。这一发现毫无疑问给人类学研究带来了轩然大波，因为它意味着要把人类的历史由400万年提前到恐龙灭绝前的6400万年前。对这种发现，各种质疑的声音不绝于耳，但是不管怎么样，这种发现毕竟给人类学提出了一个新的课题，至于我们怎么解答，什么时候能解答出这个问题，那是另外一回事情。

　　恐龙的脚印是人们经常看到过的，古人类的脚印人们也没少见过，但是两者同时出现在人类眼前的机会却是非常之少。在美国得克萨斯州的玫瑰谷附近，有一条名叫"铂勒克西河"的小河，在这一带，五十多年来，人们曾经多次发现过恐龙脚印，也发现过一些恐龙化石，从来都没有人怀疑过这些脚印和化石的真实性。1971年，这里又惊爆出一条骇世震俗的新闻：有人在这条河的河床上，发现了一些和三趾恐龙脚印交错在一起的古代人类脚印。

　　这一发现立即受到了古生物学家们的质疑，因为历史上曾经出现过弄虚作假，有人在真的恐龙脚印旁凿上人类脚印，以高价出售骗钱的情况。因此，不少人立即提出这个发现可能是历史上那次欺诈事件的翻版。

但是，这种质疑马上就受到了另外的一些专家学者的辩驳。因为这些脚印是得克萨斯州基督教大学地质学教授华尔柏和另一名专家拓林，在铂勒克西河上筑起堤坝，抽干河水，在河床底下找到的。这些人脚印长45厘米左右，宽13～17厘米，所有的脚印周围都有脚部压力造成的隆起部分，这显然符合人脚印的特征。如果有人要伪造这些脚印的话就必须把几乎整个河底的岩石凿掉一层，而且还得长时期地潜入河底动工，这显然是不可能的。即使这样做了，这种伪造过程势必要将真的脚印化石锯开或敲破，那么在脚印表面之下就会找到相应的压力纹线，而实际上，这种纹线是不存在的。所以，大多数专家和学者都认为这种脚印并非伪造，那么这种脚印就向人类学者提出了严峻的挑战，怎么去解释人类进化的历史一下提前了6000万年的事实呢？

于是，有些人类学家提出，这并非人类的脚印，而是一种类似于人类的恐龙脚印。但是这种说法又受到了质疑，因为迄今为止，人们还没有发现任何一种恐龙类似于人类。而像E·D·考柏这样的古生物学家确信这些就是人类的脚印。但是，怎么去解释人类是怎样来到恐龙时代的呢？对此，他们也提不出合理的答案。

揭开人类最早文字的面纱

●　●　●　●　●　●　●　●　●　●　●

人类最早的文字究竟是什么呢？这是考古学家一直争论不休的问题。是公元前3500年，居住于两河流域地区的苏美尔人创造的楔形文字，还是商周（前16～前11世纪）后期的甲骨文，或是古埃及的象形文字？

有些考古学家认为，从新石器时代起，幼发拉底和底格里斯两条大河哺育了许多农业村落。约公元前3000年，从外部迁移到伊拉克南部干旱无雨地区的苏美尔人利用河水灌溉农田，并在生产中发明了世界上最早的文字——楔形文字。用一种楔形的尖棒在泥板上刻写字迹，从而创造出一批最早的城市国家和灿烂的苏美尔文明。

另有一些考古学家认为，古埃及的象形文字是人类最早的文字。

埃及最古老的历史文献还是于19世纪在古城遗址发现的纳米尔石板。在埃及沙漠的一块悬崖上刻着一幅有五千二百多年历史的壁画，描绘的是一个胜利的君王，他也许就是蝎子王，一个曾被认为只属于神话传说中的人物，而他也许就是建立埃及文明的关键人物。在美国耶鲁大学任教的埃及考古学家达内尔夫妇，后来发表了关于他们在埃及开罗以南沙漠地区悬崖峭壁上发现的石刻绘画的研究报告，声称此画中的统治者是埃及神话传说中的魔蝎大帝，而且该画中的符号同埃及后来才出现的楔形文字相当接近。绘画作于距今五千二百多年前，达内尔夫妇是1995年在一次考察埃及古代贸易路线时，发现这幅长为0.5米，宽为0.45米的石刻绘画的。通

楔形文字是苏美尔文明的独创

过几年的研究，他们认为：画中人物应是魔蝎大帝，此发现如经证实，埃及的文明史将推前。如果画中的符号确实是最早的文字，那么人类最早的文字起源地就应该是埃及，而不是现在认为的苏美尔（今伊拉克境内）了。中国的古文字学家唐兰认为，夏代以前流传下来的象形文字，距今也有五千多年的历史，并不比西亚和埃及的晚。那么中国的象形字是不是人类最早的文字呢？

20世纪以来，学术界又提出了新的观点，新石器时期陶器上的某些符号是上述过渡形式之一，很可能就是世界上最早的文字。这类陶器在中国也发现了许多处，如仰韶文化、大汶口文化、龙山文化等许多遗址都有出土。考古学家们最近在巴基斯坦的哈拉帕出土了一些文字符号，人们认为它们可能是迄今为止所发现的人类最早的文字符号。这些所谓"植物般"的或"三叉戟形"的文字符号是在陶罐碎片上发现的，据鉴定，这些文字符号是在大约公元前3500年左右刻上的。因而，考古队的负责人哈佛大学的米岛博士说，这些文字可能比到目前为止被认为是人类最早的文字还要早大约200～300年。这次在哈拉帕的发现无疑会引起对人类文字起源的新争论。最可能的说法是，人类最早的文字至少在3个地方，即埃及、美索不达米亚平原和哈拉帕独立地发展起来，而时间大约是公元前3500年到公元前3100年之间。

人类最早的文字到底芳容如何？这还有待于我们进一步去探究。

狮身人面像之谜

◉ ◉ ◉ ◉ ◉ ◉ ◉ ◉

法国著名的古埃及学者玛斯佩罗，在他1900年出版的《遥远的帝国》中，特别研究了图特摩斯四世的狮身人面像石碑，并写道：狮身人面像石碑的第13行空栏中，冒出来一个卡夫拉王的徽纹记号……显示了卡夫拉曾经主持过一次清除狮身人面像沙土的复原工作。因此，我们可以推断，狮身人面像至少在胡夫王，或他以前的王朝所建，然后被埋在沙土中……

另外一位著名的古埃及学者玛利艾特也同意这个说法。玛利艾特为最早发现"库存表石碑"（如前面所述，碑文中清楚地记载道，狮身人面像早在胡夫王以前，便存在于基沙高地）的探险家，他认为狮身人面像早已存在于基沙高地，并不令人感到意外。

但是从20世纪初到20世纪末的不到100年间，古埃及学家对狮身人面像的看法，有了极大的转变。现代的正统派古埃及学者中，没有一个再愿意认真地考虑、讨论狮身人面像的年代，而它在卡夫拉统治埃及的数千年前便已存在的说法，在19世纪末，还被视为常识，但是到了今天，却成了大胆妄言。

例如，埃及考古厅负责基沙及沙卡拉地区的扎希·哈瓦斯博士便认为，许多过去的理论都已"随风而逝"，因为"我们掌握了非常坚实的证据，可以证明狮身人面像其实是属于卡夫拉时代的产物"。

同样地，加州大学柏克莱分校的考古学家卡洛·雷蒙表示，狮身人面像的年代比卡夫拉久远的这种说法"简直令人无法置信"。她认为："狮身人面像没有任何可能比卡夫拉久远，因为基沙地域在卡夫拉王统治前的几千年，不但没有那种工艺水准，更没有必备的管理组织，和建造起那种规模的建筑物时所需要的意志力。"

但是在仔细研究后可发现，现代学者其实只有三个间接的理由支持狮身人面像是由卡夫拉王所建的说法。

理由一：因为图特摩斯四世所建的狮身人面像的石碑，第13行的空栏中，冒出卡夫拉王的徽纹记号。

玛斯佩罗对卡夫拉王的徽纹记号，提出了一个完美的解释：图特摩斯四世将狮身人面像复原后，便立了一个石碑，以对曾做过同样行动的先人表示敬意，而他表示敬意的对象，就是第四王朝的卡夫拉王。这个解释强烈暗示狮身人面像在卡夫拉时代即已非常古老。然而，现代的古埃及学者并不接受这种说法。现代的古埃及学者众口一词地认定，图特摩斯四世在石碑上放上的那个徽纹记号，是为了要纪念原始狮身人面像的建造者（而非复原者）。

狮身人面像到底由谁建造，至今人们仍在争论不休

它注视着远方，似望向某个未知的年代

由于石碑上残留下来的只有那个唯一的徽纹记号，其他前后文均已消失，学者竟然能够如此铁口直断，一口认定狮身人面像非为第四王朝时代的作品不可，这种结论难道不会太不成熟吗？只因为一个第四王朝法老的徽纹（石碑本身还是第十八王朝的法老王所建的），便认定整个雕刻为当时的作品，这算是哪一门子的"科学"呢？而且时至今日，连那个徽纹都已开始剥落……

理由二：因为邻接的河岸神殿，也是卡夫拉王所建的。

这种说法的证据相当薄弱（因为河岸神殿为卡夫拉王所建的说法，建立在神殿中有卡夫拉王的雕像之上。然而，雕像很可能是后来的人将它放进去，而非原始便在那儿的）。但是，古埃及学者却对这种说法拥护有加。他们不但认定河岸神殿是卡夫拉王所建，顺便也把狮身人面像的建造，算在卡夫拉的头上（因为两者之间显然有一些关联）。

理由三：因为很多人认为，狮身人面像的面相，与河岸神殿的洞穴中发现的卡夫拉王雕像非常相似。

这显然是个人见解的问题。而纽约警察局专门制作蒙太奇相片的专家，用电脑进行比较后，也认为两者并无相似之处。也许最终"学术判决"还没有出来，"陪审团"至今还在思考，谁才是这个巨大雕刻的建造者，会是卡夫拉王吗？还是史前一些拥有高度文明，却尚不为人知的建筑家们？不论学者们比较倾向哪一种说法，两者都仍有可能。在缺乏完整的、坚实的、毫无质疑余地的证据下，没有人知道真实属于哪一边。

狮身人面像的浸水之谜

◉ ◉ ◉ ◉ ◉ ◉ ◉ ◉ ◉ ◉

远古的石像是否曾被特大的洪水浸没过，这是揭示石像产生的重要依据。

这场争论的起源可以追溯到20世纪70年代。当时，美国一位独立从事研究工作的学者约翰·安东尼·韦斯特，正在着手研究杰出的法国数学家，象征主义者施瓦勒·德拉布里奇晦涩难懂的作品。施瓦勒以其对鲁尔苏尔庙的论著而著称。他在1961年发表的《神圣科学》一文中评论说，考古学发现暗示我们："12000年以前很少有困扰着埃及的气候和洪水。"

施瓦勒写道：在洗劫埃及大地的一次次特大洪水来临之前，一定有一段规模庞大的历史文明期。这一推测使我们确信，狮身人面像在那段文明时期就已经存在了。这尊矗立在基沙西部高崖上的雕像，除头部之外，整个狮身都现出无可争辩的水浸迹象。

施瓦勒简单明了的结论以前并未引起任何人的注意。这一结论明显抨击了埃及学领域广泛认为狮身人面像是由卡夫拉在公元前2500年建造的这一观点。韦斯特在读到施瓦勒的这段话之后便认识到施瓦勒从地质学角度提供了一条探索的途径。从这条途径出发就可以"真正地证实，早在古埃及王朝文明以及其他所有已知的人类文明的数千年以前，可能已经存在过另一个文明期，或许其规模比后来的都大。"

韦斯特说：要是能证实狮身人面像受过水浸这一点，便会推翻所有世人已接受的人类文明编年史，也会迫使我们对支撑整个现代教育

的"历史过程"的种种假设重新定论，并迫使我们去面对由此而引起的激烈争论。然而，从石刻古迹上很难发现问题，就算是很简单的问题……

韦斯特对从考古学角度得出的结论的理解是正确的。如果狮身人面像表面的一切变化部位能证明是水浸的结果，而不是像埃及学家们一直认为的是风沙吹蚀的结果，那么，已经建立起来的编年史就要面临被推翻的危险。要理解这种推断，只要牢记下面这两点就够了：首先要记住，远古埃及的气候并非像今天这样始终都异常干燥；另外一点就是，比起莱纳和其他一些人认定的狮身人面像"背景建筑群"的理论，韦斯特和施瓦勒提出的狮身人面像侵蚀模式更加完善。韦斯特和施瓦勒提出的狮身人面像的这个变化特征，是基沙遗址的某些古迹所不具备的。这种变化特征的提示清楚地告诉我们，只有部分建筑是在同一时期建成的。

但这是哪一个时期呢？

韦斯特最初认为：理论上不排除狮身人面像受过侵蚀的可能。因为大家早就一致认为，过去埃及曾多次受到海水和尼罗河特大洪水的困扰。就在不那么遥远的古代还出现过一次这样的洪灾，人们认为这是最近一次冰季冰川融化而造成的。一般人认为，最后一次冰季的时间是在公元前10500年前后，而尼罗河周期性的大洪水就发生在这之后。在公元前10000年前后发生的那次大洪水是最后一次。因此可以推断，如果狮身人面像受过水浸，那它一定是在洪水发生之前建成的……

从"理论上"看，韦斯特的这种推断的确是站得住脚的。可是，正如韦斯特后来所承认的，实际上狮身人面像所受到的不同一般的腐蚀作用并非是"洪水"引起的。他后来认为：问题是狮身人面像的脖颈以下已经腐蚀得很厉害。如果这种腐蚀是由水引起的，那就是说，在整个尼罗河流域至少有18米深的洪水。很难想象发生这样大的洪水会是什么样的景象。这种假设如果成立则更糟，因为狮身人面像堤道的另一端，即所谓的丧葬庙里面的石灰质岩芯石，也已经受到侵蚀。这就是说，洪水已爬到金字塔的底座，也就是，有48米深的洪水……

埃及政府采纳了西方一些埃及学家的建议，自1993年开始禁止在狮身人面像周围一带进行任何地质学或地震学研究工作。这项决定实在不可思议，因为斯科克的研究结果已产生了重大影响。

更不可思议的是，斯科克独创论点尚未遇到有凭有据的公开挑战。这位波士顿地质学家几年来顶住了来自同行的一次又一次的抨击，多次成功地捍卫了自己的论点。斯科克坚持认为，狮身人面像表面以及壕坑内壁独特的侵蚀模式

水迹斑斑仿佛是年代的标记

（狮身人面像壕坑内壁布满了很深的竖直裂缝和高高低低的平的坑凹），成了"石灰质古迹在历经数千年雨水之后会受到何等侵蚀程度的一个有教育意义的典型例证……"斯科克进一步说，如果用我们已经了解的基沙一带的古代气候背景去分析雨水侵蚀的观点，那就可以充分证明"伟大的狮身人面像的历史要比传统认为的公元前2500年早得多……我只是跟着科学在走，科学告诉我这一结论：狮身人面像的历史比以前认为的要早得多"。

斯科克自然尚未证明狮身人面像属于公元前7000年～公元前5000年，韦斯特尚未证明他认为的更早的历史时期，传统埃及学也尚未证明狮身人面像到底是否属于卡夫拉王朝和公元前2500年的那个时代。

换句话说，目前尚无可能用任何合乎情理的标准来给这一独特古迹的确切归属和历史下最后的定论。狮身人面像之谜仍未解开。

美索不达米亚的遥远文明之谜

约公元前4000年在希腊语称之为"美索不达米亚"的地方，即底格里斯河和幼发拉底河之间的地区，已经产生了文明。大约公元前3000年，两河之南的苏美尔人已经建立了数以十计的城邦，这是迄今知道的人类最早的文明。

古代两河流域文明曾被人遗忘，直至19世纪的考古发掘才为世人所重知。19世纪，德国哥丁根大学希腊文教授格劳特芬德，花费许多年读懂了波斯石刻上的40个楔形文字中的8个字，并运用这8个字读出了石刻上3个国王的姓名。1835年，英国人亨利·罗林生以同样的方法，释读了那8个字，此后，又释读了贝希斯敦石崖上的碑文。1848年至1879年，欧洲人在原亚述首都尼尼微进行了一次重大的发掘，挖掘出了2万多片刻有楔形文字的泥版和各种文物5万多件。这些重大发现为进一步了解古代两河流域的文明奠定了基础。

根据考古资料推断，古代两河流域的文字体系源于苏美尔。约公元前4000年后期，苏美尔人创造了图画式文字。但是，这种文字有它的局限性，只能表达某种具体事物，无法表示抽象的概念。公元前3000年代，这种文字发展成为楔形文字。因为苏美尔人通常用平头的芦竿在未干的软泥版上印刻出字迹，所以它的笔道非常自然地都呈楔形。最初，苏美尔人把楔形文字刻成直行，自左上方下行。后来为书写得更清晰和避免已写出的文字受损，书写的方式改为每行由左至右，各行自上而下。

楔形文字是由一个音节符号和音素符号组成的集合体，总计约350个。它的结构相当复杂，在阿卡德时代应用的领域日渐拓宽。巴比伦和亚述帝国兴起后，楔形文字不仅是实体事物的记录，也发展成为供宗教、历史、文学、法律等方面使用的文字。它对周围地区的影响很大，埃兰人、赫梯人、胡里特人、米坦尼人先后采用楔形文字表达自己的语言。

两河流域很早就有了文学作品，在苏美尔时期，文学作品以诗作为多。作品的主题大多是礼赞神祇、英雄和君王，具有宗教和神话的性质。例如，苏美尔人有一则关于洪水的神话传说，后来被犹太人吸收编造了洪水和诺亚方舟的故事，在现在《圣经·旧约全书》的《创世纪》中，后经基督教的宣传，诺亚方舟的故事广为流传。

在这一时期也有一些反映阶

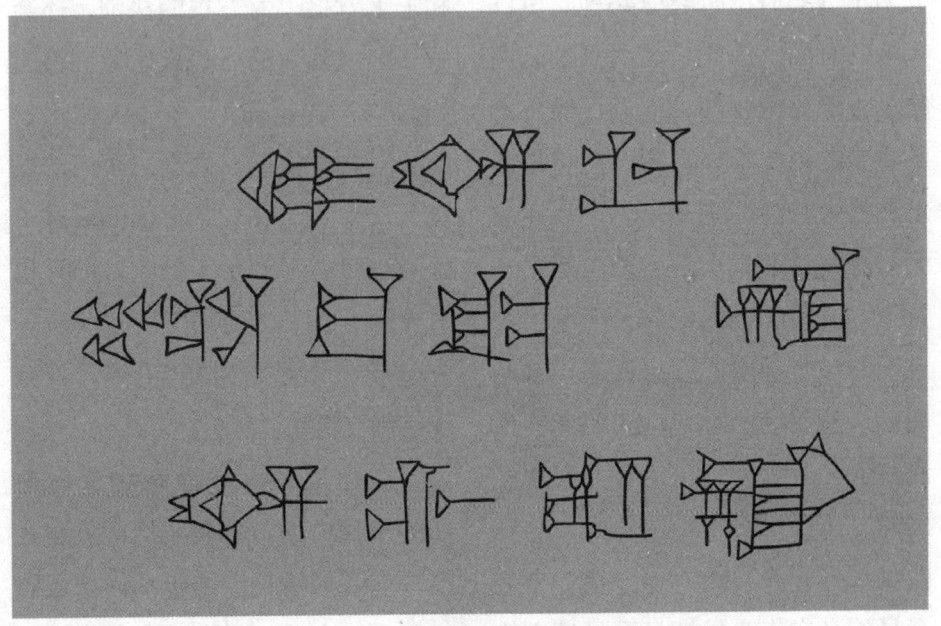

楔形文字

级矛盾、寓意深刻的佳作，如《主人与奴隶的对话》描写了主人和奴隶就12个问题进行的简短对话，揭示了在奴隶制度下奴隶无法生存的哲理。

自然科学在古代两河流域已有发展，早在苏美尔·阿卡德时代，天文学就已产生了。苏美尔人在观察月亮运行规律的基础上编制了太阴历。他们把两次新月出现的期间作为一个月，每月包括29天或30天。又根据月的圆缺和季节变化，分一年为12个月，6个月为29天，6个月为30天，每年为354天。它比太阳年（365日5时48分46秒）短11天多的时间，为此设置闰月加以调整。古巴比伦时期，人们已能将肉眼看到的星体绘成星图，能够把恒星和五大行星区别开来，还观测出太阳在恒星背景上的运动轨道——黄道。以后，巴比伦人又区分出黄道上的12个星座，绘出黄道12宫的图形。新巴比伦时代，人们能够预测日食、月食和行星的会冲现象。同时，人们又以7天为一周，分别以日、月、火、水、木、金、土七个星的名字作为星期日至星期六的

名称。置闰的方法也在进步，至公元前6世纪后期，巴比伦人已先后有了8年3闰和27年10闰的规定。然而，两河流域的天文知识是与占星术紧密相连的，带有许多迷信的成分。

在苏美尔时代，人们对1～5的数字已有了专门的名称，对"10"这个数也有了特别的符号。在巴比伦时代已兼用10进位和60进位，并把60进位法用于计算周天的度数和计时，如周天的度数为360，1小时为60分，1分为60秒等。古巴比伦人已经掌握四则运算、平方、立方和求平方根、立方根的法则，还会解三个未知数的方程式。他们得出的圆周率常数为3，与今天使用的圆周率非常接近。总之，两河流域在天文、历法和数学方面的成就不仅对当时各国产生了影响，而且也对希腊、罗马产生了影响。以7天为一周，分圆周为360度等，直到现在仍在沿用。

在建筑艺术方面，约公元前4000年代中期，苏美尔地区就存在多级寺塔的建筑。由于两河流域石材匮乏，这种寺塔都用生砖（土

坯）筑成，下面的几级都没有内室，实际上是一层层台基，只有最上一层才有一个小神庙。这时已经存在砖砌的拱门和圆柱。苏美尔·阿卡德国家形成以后，又有了王宫建筑。苏美尔人发明的拱门、拱顶和穹隆结构经常用于陵墓和房舍建筑，这极大地影响了两河流域地区的建筑。

亚述帝国时期出现了大规模的王宫建筑，王宫建筑在高大的台基上，有许多宫室和附属建筑。王宫大门两边的墙上有一些人面兽身的浮雕，门口还有一对3米或4米高的人头、狮身、鹫翼、牛脚的雕像。王宫墙壁上装饰着许多浮雕，一般都表现国王出征、狩猎和宫廷生活的题材。亚述人喜欢塑造临危不惧、冷静果敢的猎手、陷入绝境而凶相毕露的狮子、身受重伤犹垂死挣扎的野兽。这些浮雕中的人物一般表现得比较呆板，而动物则刻画得生动逼真。新巴比伦时期，城郭和王宫修筑得更加壮丽。主要城门两边和王宫墙壁上都用彩色琉璃砖镶出种种动物的图案。这一时期最有名的建筑是王宫里的"空中花园"，它实际上是一座土台，最高处达25米。由于两河流域的建筑系用砖、土为材料，所以不能像埃及的金字塔和神庙那样坚固耐久，长久遗存。

神奇的人类始祖遗迹之谜

在最近的二十多年里，在非洲的四次发现冲击波似的震动了人类学领域，因为它们向那些长期被认可的关于人类起源及进化历程的理论发起了挑战。

一次是在肯尼亚，发现了一个距今已有280多万年的人的头盖骨和骨骼；第二次是在南部非洲一个名叫"边境洞穴"的矿井中（位于斯威士兰和纳塔尔之间的边境上），人们发现了曾居住过的现代类型的人——大约生活于公元前10万年；第三次是在坦桑尼亚，人们发现了一些类似人的牙齿和颚骨，据称已有375万年的历史；第四次发现是在埃塞俄比亚，一具名为"露西"的骨骼已被确定有将近400万年的历史，它的发现补上了"进化史上断裂的链环"。这个人

类和类人猿两者的共同祖先大约死于100万年之前。

根据以往的进化学说，第一个可称之为人的灵长动物，直到100万年前才进化成"直立的人"。然而从肯尼亚的东鲁道夫·贝辛地下发掘出的那些骨骼，不仅被判定为是近300万年之前的，而且其形状之接近现代人，大大超过了人们过去的推测。

在南部非洲边境洞穴的年代久远的骨骼旁人们还发现了一些人工制品。这表明当时的人类已具有发达的智力，早在很久以前便迈上了文明之路。这也超出了原先的估计。边境洞穴的居住者制造出了许多很精致的工具，其中包括一些加工得很漂亮的玛瑙刀子，其锐利的刀刃可以切开薄纸。

他们也具有宗教信仰，并相信来生。一位幼儿的身体还残留着葬礼的痕迹。他们肯定使用着相当发达的语言，因为如"不朽"这类十分抽象的概念显然是不可能以咕哝声和手势来表达的。

两位年轻的史前考古学家埃德里安·博希尔和彼得·博蒙特在探索热情的鼓舞下，领导了边境洞穴几次重要的发现。1970年12月，他们从地底下挖掘出三万多件人工物品，同时还有一些碳化的兽骨，其中许多生物早已灭绝了。

在地面一堆灰烬覆盖中的木炭，它的年代比那块发现了一个儿童骨骼的地层的年代要短得多，经验明已超过五万年。石工具和赭石地面下的基岩表明，这座大洞口于十万年前可能就已被占用了。

这座洞穴的环境对于长期保存

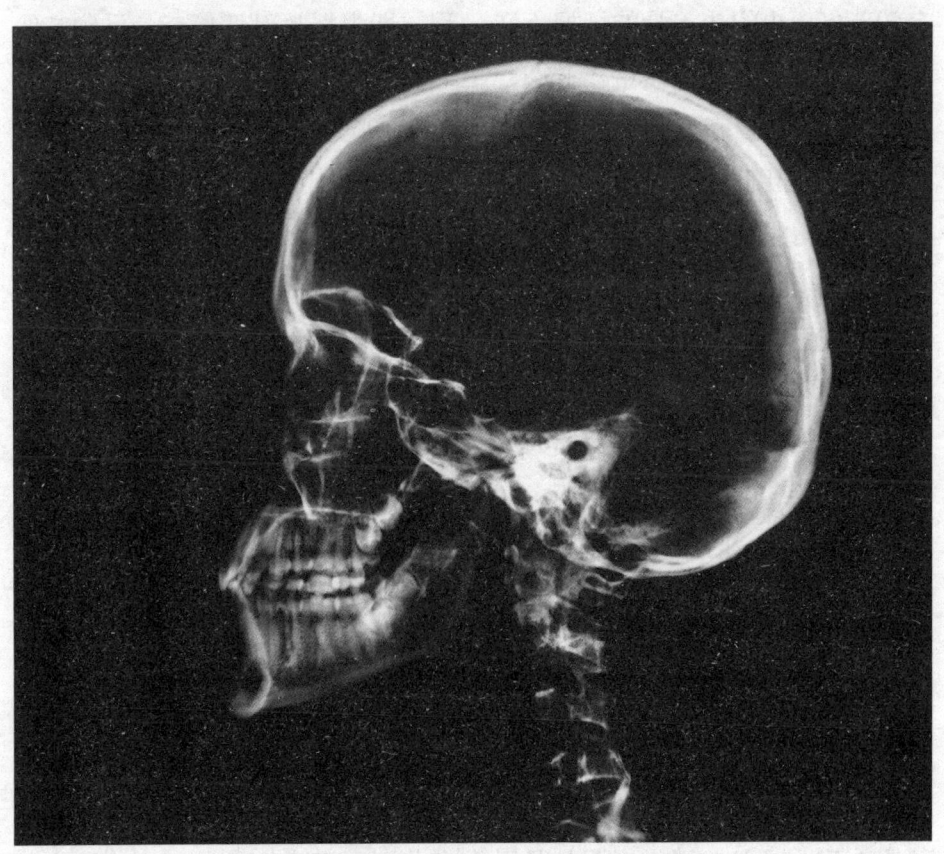

同类的骨骼，又给了人们无限的假想

遗留物十分理想。甚至连那些作为床上用品的细树枝、树叶、青草以及羽毛都保存了下来。博希尔为此做了调查，并认为"实际上，我们发现的每样东西，都比书本上说的保存期限要长3倍"。石制箭头的发现表明，早在五万年前，就已发明了箭。而它在欧洲的出现，却仅仅是公元前15000年的事。

凭着在爪哇和北京附近发现的有50万年历史的头盖骨的证据，许多科学家确信人类的始祖在亚洲，而后向西迁徙。在进化的蓝图上，非洲并没有担任角色。

尽管雷蒙德·达特教授于1924年就在非洲发现了一个更古老的人，然而直到英国人类学家路易斯和玛丽·利基在坦桑尼亚奥杜瓦伊峡谷的一次丰富发现，以及美国人类学家唐纳德·约翰逊和蒂莫西·怀特在埃塞俄比亚阿法尔地区的发现之后，这一假设才得以确立。

1959年，利基等人发现了一个近200万年前的头盖骨，它与达特发现的人属于同族，从而震惊了世界。1960年，他们发现了另一个史前人的颅骨和下颚，同时还有一些显然是用

来制作武器的凿过的石头工具。他们给这个人起名为"巴比利斯人"（意即"具有灵巧双手的人"）。

若干年后，他们发现了更为进化的"直立的人"的碎片，这是第一个被确认会使用火的人。后来发现他和爪哇人、北京人属于相同的种类，但比北京人要早50万年。

1975年，玛丽·利基报道了有关坦桑尼亚史前人类的更进一步发现，即根据放射性探查，已确定他们有375万年的历史。

1979年，约翰逊博士和怀特发现了一些历史久远的人骨，他们的脑袋很小，与猿猴的脑袋相差无几。发现者称这种亚科为"南方古猿属"，距今已有360万年或370万年的历史。

随后于1982年，杰·德斯蒙德·克拉克和蒂莫西·怀特公布了还是在埃塞俄比亚的发现——一块股骨和一块前额骨的残片，它们看上去属于同样的种类。

也许还需要若干年，人类学家才能对这些发现做出估计，但奇迹般的人类发展的源头，最有可能是在非洲，而不在亚洲。

特奥帝瓦坎消失之谜

◉ ◉ ◉ ◉ ◉ ◉ ◉ ◉ ◉ ◉

被埋葬在地下的古代墨西哥最具轰动效应的大都市特奥帝瓦坎早在阿兹特克人时期就已是一座废墟。他们以为这是古代诸神的墓地。诸神飞向宇宙，却留下这座大都市的规划和建筑。

特奥帝瓦坎城是墨西哥高原最古老的文明，始建于公元前1000年左右。特奥帝瓦坎城非一日建成。考古学家现已确定了它的五个建城时期。在公元600年左右的繁荣时期，特奥帝瓦坎拥有约20万人口。

即使在现代，城市的发展有时也显得那么杂乱无章，缺乏系统。特奥帝瓦坎却完全是另外一个样子。在这里，从一期建造开始就有完备的计划，并在以后的扩建中得到严格遵守。1000年不算太短，对于今天的城市管理部门来说，让他

们现在的设计规划经受住这么长时间的考验只不过是一个梦想。

女考古学家劳瑞特·泽约涅曾多年领导特奥帝瓦坎的发掘工作。她认为，在这高度文明的发祥地，存在着一个尚未完全揭开的秘密，这样非凡的智慧从何而来，竟然可以成就如此伟大的规划？

人们不知道那些神秘的设计建造者是谁，于是以这座城市的名字称呼他们——特奥帝瓦坎人。

一条纵贯南北的豪华大道，长3千米，宽40米，人们叫它"冥街"。这确实是一条豪华的街道，左右两侧点缀着金字塔和神庙平台。朝北望去，林荫道的坡度足有30度；站在南端，会有一种错觉，街道仿佛直通云天。于是就成了这样，站在低处一端，就会看到高度

相等的台阶组成的楼梯无边无际，最后与三千米外的月亮神金字塔融为一体。

反之，站在月亮神金字塔上，看到的不过是一条笔直的街道，所有的台阶像是让神一笔抹去了。

正式的说法是：那些特奥帝瓦坎的神秘设计者应是石器时代人类。测量一条长三千米的街道，方法是每隔几米建六级台阶一处平台，所有这些台阶和平台需在不断升高的街道尽头分毫不差地与一座巨型金字塔相融，这该是多么困难。因为不能有一级台阶、一处平台和一块间隔与标准发生偏差。这真是石器时代的作品吗？

冥街尽头的月亮神金字塔是一座梯形塔式建筑，塔基为150×200平方米，比两个足球场还要大。此塔建在44米的高度上，有五个中心走廊，中部的宽台阶延伸至最高的平台，平台上面该是有一座闪闪发光的金色神像。

从月亮神金字塔望去，左面是中美洲最有纪念意义的建筑物——太阳神金字塔，占地222×265平方米，比月亮神金字塔高20米。从最

高平台望去，给人的感觉是太阳月亮两塔等高。这种错觉是街道的坡度造成的。

另外，特奥帝瓦坎太阳神金字塔的体积要大过基沙的胡夫金字塔，据估算，它用了100万吨的黏土砖和石料。两座金字塔外沿原本都抹上了硬灰浆，色彩一定是饱满而鲜明的（从残留的痕迹还可以看出）。太阳神金字塔塔顶曾有一座金银铸成的神像。

冥街上有许多不同的金字塔遗址、平台和装饰繁复的浮雕，图案多是羽蛇，还有猴子、美洲豹和手里拿着不知何物或是背上长着翅膀的祭司。

特奥帝瓦坎的带魁扎尔科亚特尔神神庙的城堡是一个比较大的建筑。城堡的边长为400米，北、南、西三边各有四座金字塔，如今只剩下一些残垣断壁了。魁扎尔科亚特尔神庙有石雕花纹装饰：羽蛇蜿蜒在曲状花纹中；楼梯墙壁和浮雕上狰狞的魔鬼面具死死地盯着你；神庙墙角趴着巨型羽蛇，头上发光，脸像喷火龙。古代中国也有这样的图案，诸神骑着火龙从天而

降，并且也是在墙角。

今天，在刺眼的阳光下，城堡呈现出白、灰、褐三色，从前的色彩一定像彩虹般绚丽。每个神都拥有自己的颜色，浮雕不仅仅是装饰，还有着特别的宗教意义。

魁扎尔科亚特尔神庙的装饰花纹表明，在阿兹特克时期和玛雅时期之前就有这种飞翔的蛇神形象了。

在街道旁边的神庙平台和金字塔后还有一些建筑群，今天我们认为那里是住宅区。出土的30多间房屋构成完整的住宅区，还包括小型神庙、礼拜堂和完备的下水管道。整个城市被划为若干个手工业区：这角是制陶作坊，那角是石雕作坊，第三角是纺织作坊。笔直的马路贯穿全城，垂直交叉。特奥帝瓦坎就是中美洲的纽约城！

多年前，考古学家在山城和山顶周围发现了一些岩石划痕，舒展的线条在特奥帝瓦坎上空织成一张网格。有人曾于3月21日春分时从太阳金字塔塔顶向西眺望，太阳毫厘不差地在一块标有记号的石头下

被埋藏在地下的古城，早在更早的时期就成为了废墟

坠入地平线。在以西14千米处的塞罗奇科瑙特拉，也见到过类似的划痕记号，35千米以外也有。

还有一座门很有名，它通向大金字塔下面，那里面有四间房子，人们叫它"神洞"。考古学家猜测，整个建筑就是建在神洞之上的，神洞代表地狱的入口和中美洲的中心。朝圣者、商人和殖民地开拓者络绎不绝地来此朝拜。

另外在太阳神金字塔不远处有一处地窖，游人禁止入内。这是一个真正的谜，专业人士也无法解释。一层厚厚的云母层将许多房间隔开，奥妙到底在什么地方呢？

看一看地窖的窖顶：先是一层石头，然后是15厘米厚的云母层，最后又是一层石头，很像一个大三明治——面包、火腿、面包。

看门人打开地面的铁盖，一瞬间，阳光射进洞口，强烈的光束为云母所反射。目前已发现了30米厚的云母层。

可是，特奥帝瓦坎房顶上的云母是从哪儿来的呢？用途又是什么呢？一个考古学家认为，云母在阳光下熠熠生辉，因此当作太阳反射器用。

这不对。屋顶上的云母像三明治，根本接触不到阳光。就算要把整个屋顶铺满云母，用以大量反射阳光，薄薄的一层就够了，15厘米未免太厚了。

没有什么巧妙的解释方法，只能动用一下我们的想象，以期找到贴近的答案。神洞的屋顶与外隔绝，是不是因为其中装有敏感的设备？是防闪电，还是抗酸、抗高温？如果开始靠题了，新的问题也随之出现了。那就是石器时代的建造者是从哪里知道云母的多种性能的？特奥帝瓦坎人在干活的时候既不使用危险的酸和电，也不会经历高温。地质学家确认特奥帝瓦坎地下的人工云母层为"莫斯科云母"，我们的祖先把它称作"来自莫斯科的玻璃"。

肯定有人知道从哪里可以进口这些云母，对其质量也了如指掌。石器时代的建造者能担此重任吗？

闪米特人的地下迷宫之谜

◉ ◉ ◉ ◉ ◉ ◉ ◉ ◉ ◉ ◉ ◉

　　土耳其卡帕多基亚的格尔里默谷地，看起来和月球表面很相似。这里的火山沉积物上矗立着奇形怪状的石堡。石堡是由火山熔岩硬化后，经风蚀雨浸而最终形成的。

　　早在公元8世纪和公元9世纪的时候，这里的居民就开始开凿空石堡，将其改装成居室。人们甚至在凝灰岩体上凿出富丽堂皇的教堂，在其中供奉色彩绚丽的圣像。然而，卡帕多基亚真正引起轰动的发现埋藏在地下，那就是巨大的可居住成千上万人的地下城市。其中最著名的一座坐落在今天代林库尤村附近。通往地下城市的通道隐藏在村子各处的房屋下面。人们在这里一而再、再而三地碰到通风洞口，这些通风洞从地下深处一直延伸到地面。

　　整个地带布满了地道和房间。地下城市是一种立体建筑，分成许多层。代林库尤村的地下城市仅最上层的面积就有4平方千米；上面的五层空间加起来可容纳一万人。今天人们猜测，当时整个地区曾有30万人逃到地下躲藏起来，仅代林库尤的地下城市就有52口通气井和1.5万条小型地道。最深的通风井深达85米。地下城市的最下层建有蓄水池，用以储藏水源。德米尔先生是地下迷宫——地下城市的发现者，这一发现纯属偶然。在代林库尤村，房子下面的地下室被用作冷藏室。有一天，德米尔在冷藏室偶然发现一个洞口，好奇心促使他向下挖掘……

　　到今天为止，人们在这一地区发现的地下城市不下36座。其中并不是所有的都像卡伊马克彻或代林库尤附近的地下城市那么大，但都称得上是城市。现在，人们已经绘制出了这些城市的俯视图。熟悉这一地带的人认为，地下城市的数量远不止这些。现在所发现的地下城市相互间都通过地道连接在一起。连接卡伊马克彻和代林库尤的地道，足有10千米长。

不可思议的地下城市确确实实存在着，可谁是建造者呢？它们是什么时候建成的？用途又是什么呢？对此，人们有着不同的见解和推测。当然也有人举出具体的史实加以考证。史实之一是在基督教早期，这一新生宗教的信徒寻求避难并最终选中了这里。最早的一批大约在公元2世纪或公元3世纪，以后一直延续到拜占庭时期，也就是阿拉伯军队困逼坚固的君士坦丁堡（即今伊斯坦布尔）的时候。当时的基督教徒的确曾在这里避过难，然而他们并不是真正的建造者。地下城市在他们到来之前就已存在。地下城市到底是谁在何时修建的呢？推测如下：

天然的石堡是由火山熔岩后，经风蚀雨浸而形成的

有一点可以肯定，那就是这一带的地基是由凝灰岩构成的，因为附近矗立着火山。只要有黑曜岩，即"火石"，地基就很容易被凿空，而火石在这一地区并不鲜见。就这样，也许花了仅仅一代人的时间，地基就被掏空了。地下城市大多是超过13层的立体建筑。在最低的一层，人们甚至发现了闪米特时代的器物。

有人一直思考的一个问题是，人类为什么要把自己隐藏起来呢？一个明显的原因是由于对敌人的恐惧。谁会是敌人呢？

首先，假设地面上的敌人拥有军队，在地面上，他们肯定能看到耕种过的土地和空空如也的房屋。而地下城市里建有厨房，炊烟将通过通气井冒出地面，而被敌人发觉。人们无不知道，把待在鼠洞般的地下城市里的人们饿死或封死通气口憋死他们，都是轻而易举的事。所以，人们恐惧的不仅仅是地面上的敌人，他们在地下岩石中开凿避难之所，

是因为他们害怕能飞行的敌人。这个猜想是否有道理呢？

当然有。闪米特人在他们的圣书《科布拉·纳克斯特》中就曾描述过，所罗门大帝怎样利用一辆飞行器把这一地区搞得鸡犬不宁。不仅他本人，他的儿子，所有恭顺他的人，也都曾乘坐过飞行器。阿拉伯历史学家阿里·玛斯乌迪曾描述过所罗门的飞行并大致介绍了他的部族。当时的人类对于飞行现象产生恐惧，这是完全可以理解的。也许他们曾被剥削、奴役过，所以每当报警的呼喊"他们来了"的时候，人们就逃进地下城市。这和我们今天挖筑地下掩体防护自己的情形是一样的。

上述说法虽然只是一种猜测，但人们完全可以持这种看法。我们还掌握这样的事实，即曾有时候30万人一齐涌进地下城市，此外，还有大量有关飞行器的古代传说，详细地描述了古代的统治者们怎样带着家眷在空中飞行。

帝国文明毁灭之谜

◉ ◉ ◉ ◉ ◉ ◉ ◉ ◉ ◉ ◉

在印加帝国到了多拿卡巴克王统治时，造成了印加无与伦比的盛世。多拿卡巴克王死前，把印加帝国分为两部分，传于瓦斯卡尔和阿达凡尔巴两个儿子来统治，于是在1532年，兄弟之间发生了一场大战，互不相让的战争种下了自取灭亡的祸因。

"他们在太平洋上，乘坐浮水的大房子，掷出快如闪电、声如雷霆的火团，渐渐靠近了。"正如预言所说，猫眼、尖鼻、红发、白皙的皮肤、蓄着胡须的天使回来了，印第安人甚至没有抵抗，便献出一座空城逃逸了。

其实，他们错了，这一批被误认为"神祇"的人，是西班牙征服者比萨罗和他率领的180名士兵。

比萨罗深知必须擒获印加帝

国的皇帝，方可掳获更多的金银财宝，于是比萨罗和同来的西班牙籍神父商量后，邀请阿达瓦尔巴——印加皇帝前来卡萨玛尔卡镇，接受天使的蒙召，阿达瓦尔巴带着2000名壮士，手无寸铁地诚心接受召见，谁知竟然遭受监禁的命运。

比萨罗囚禁了国王，便将所有珍宝集中起来，并冷酷地杀死国王，以除后患。

贪得无厌的比萨罗在杀死国王后，率兵前往印加首都库斯科，企图搜寻更多的宝藏，然而令人惊讶的是，在库斯科城中，无论是宫殿、神庙都空无一物，连被称为"太阳的尼姑庵"中百位美女也不知去向，整个库斯科城成了一座死城。

究竟印加帝国的人们以及财

印加帝国遗址

富，何以在霎时之间消失得无影无踪，至今仍令历史学家们费思难解。

有一种说法是印加人民自知抵抗不过刀剑锐利、心思狠毒的西班牙人，于是用竹筏载着国王的木乃伊，和国内所有的金银财宝，经向上天祈祷后，把这些昂贵的宝物沉到250米深的的的喀喀湖中。

然而仔细思考，印加人拥有七万骑精锐，难道不敢和180名西班牙人做殊死战，而任由比萨罗横行霸道，却私下做大迁移，逃向不为世人知晓的高山中，这似乎说不通。

然而今日许多考古学家在绵延

的安第斯山脉中，陆续发掘到许多印加帝国的遗迹，证明印加人确实曾经抛弃辛苦经营的帝国，而在蛮荒的山地中再建王国。

在玛殊比殊地方，考古学家丙海姆发现了一个洞穴，两边排着雕凿极工整的石块，可能为一陵墓，陵墓上是一座半圆形建筑物，外墙顺着岩石的天然形势建造，契合的巨石间插不进一张纸，墙用纹理精细的纯白花岗岩方石砌成，匠心独具，颇有艺术价值。在这山上的墓穴中的骨骸，女性占绝大多数，其中贵重的玉器表示她们是重要的人物，是否当年"太阳的尼姑庵"中

的美女被送到这里，继续为印加帝国祈祷呢？

由于印加人民没有发明文字记载，所以使得遗留下来的问题更具神秘性。

然而就算是发生瘟疫，难道当时的西班牙人具有免疫力？即使印加人认命了，纷纷向瘟疫低头，垂首等死，试想1100万的人口，如何能消灭殆尽呢？

遗留下来的谜，疑云重重，仿佛替古代印加帝国的神秘灭亡增添了点点色彩，有没有可能是在西班牙人入侵印加帝国后，另一位国王瓦斯卡尔率领着数以百万的印加人深入蛮荒的安第斯山中，以无比坚

毅的信念与勇气，在整座山上遍筑藏身的栖息之所，于是一座座宏伟的建筑物在隐秘的丛林中再现，当他们养精蓄锐，打算再度恢复当年的印加势力时，一场大瘟疫侵袭，残存的印加人无力再重新振奋势力，只得继续逗留在丛林中，埋葬死者，消灭遗迹，为了避免再度引起纷争，他们销毁了高度的文明，企图掩饰当年印加帝国的强盛……然后以最简单的方式，聚集部落为生，形成今日印第安人的祖先呢？

众说纷纭，有待历史学家、考古学家们集思广益，为此寻求一个正确的解释！

石碑上的神秘人物

◉ ◉ ◉ ◉ ◉ ◉ ◉ ◉

1940年，美国考古学家马休·史特林在北美洲尤卡坦半岛上的拉文达废墟进行挖掘，发现了一些极为珍贵的文物，其中最引人瞩目的是一块雕刻着"蓄胡男子"肖像的石碑。

位于拉文达的古代奥梅克文化遗址，是沿着一条指向正北偏西8度的轴道设计和配置的。这条轴道的南端，矗立着一座30米高，塔身有凹槽的圆锥形大金字塔。塔旁地面上有一道类似路肩的边栏，约有0.3米高，围绕着一个长方形的场地，大小相当于一般街廓的四分之一。考古学家挖掘这道边栏时，出乎意料地发现，它其实是一排圆柱的上半截，覆盖在上面的好几层泥土被清除后，这些高达3米的圆柱立刻显露出来，总共有600多根，

紧密地排成一列，形成一道坚固无比的栅栏。这些柱子全都用整块玄武岩雕凿而成，从60多英里外的采石场运送到拉文达。每一根柱子重达两吨左右。

辛辛苦苦建立这道石栅栏，究竟要保护什么呢？

即使在开挖以前，一块巨石的顶端就已经凸出地面，位于围场中央，比周围的"路肩"高出大约1.2米，陡峭地向前倾斜。石块上面雕刻着密密麻麻的图像。这些图像向下延伸，消失在层层叠叠，厚达2.7米，将这道古代栅栏掩埋起来的泥土中。

史特林率领的考古队花了两天工夫才挖出这块巨石。原来它是一块庞大的石碑。高4.2米，宽2.1米，厚几乎有0.9米。石碑上的雕

像显示两个人相遇的情景。这两名男子身材都很高大，穿着华丽的长袍和精美的鞋子，趾端微微翘起。其中一个人物面貌模糊，四肢断裂，原因可能是泥沙的侵蚀，也可能是遭人蓄意破坏（这种情形经常发生在奥梅克雕像上）。另一个人物则完整无缺。后者显然是一个白种男人，鼻梁高挺，颏下蓄着一绺飘逸的长须。考古学家惊叹之余，都管他叫"山姆大叔"。

这块大石碑有两件事似乎可以确定：第一，石碑上雕刻的两名男子相会场面，基于某种原因，对奥梅克人来说意义非常重大，因此，他们才花那么大工夫，建立一道固若金汤的石栅栏，将这块庄严华贵的石碑团团围绕住，保护得十分严密；第二，如同那些黑人头像，奥梅克工匠雕刻这块石碑上的白人肖像时，显然也用活生生的人当模特儿。碑上人物脸部的五官特征是那么的逼真，不可能是凭空想象出来的。

拉文达废墟出土的雕像中，还有两尊具有白种人的容貌特征。其中一尊以浅浮雕的方式镌刻在一块直径大约有0.9米，略呈圆形的石板上。像中人物穿着类似绑腿的鞋袜，脸上的五官具有明显的盎格鲁——撒克逊人种特征，颏下蓄着一绺尖翘的大胡子，头上戴着一顶形状古怪的宽松帽子。他左手挥舞着一幅旗帜或某种兵器，右手空着，横放在胸前。一条花哨的腰带，缠绕着他那纤细的腰。另一幅白人肖像雕刻在一根细长的石柱上，衣着相似，脸上也有胡子。

这些容貌奇特的异乡人究竟是谁？他们在中美洲干什么？他们是什么时候来到中美洲的？他们跟出现在这儿的其他异乡人——定居在闷热潮湿的橡胶丛林中，替奥梅克雕刻家担任模特儿的那些黑人——彼此之间究竟是什么关系？

奥梅克雕像描绘的那些深目高鼻、满脸胡须的人物，可能是古代活跃于地中海的腓尼基人；早在公元前2000年到公元前1000年之间，他们就已经驾驶船舶，穿过直布罗陀海峡，横越大西洋，抵达美洲。提出这个观点的学者进一步指出：奥梅克雕像描绘的黑人，应该是腓尼基人的"奴隶"；腓尼基人在非洲西海岸捕捉这些黑人，千里迢迢带到美洲去。

也许，在哥伦布之前许多年，腓尼基人和其他西方民族真的曾经穿越大西洋。但是有一个问题可以指出：纵横四海的腓尼基人，在古代世界许多地区留下他们独有的手工艺品，却没有在中美洲的奥梅克人聚居地，留下属于他们的任何东西。这儿发现的黑人头像，以及描绘留着胡子的白种男人的浮雕，在风格上、在雕工上，都完全看不出是腓尼基人的作品。事实上，就艺术风格来说，这些强劲有力的作品似乎并不属于任何已知的文化、传统和艺术类型。不论是在美洲或是在全世界，这些艺术品都没有先例。

拉文达废墟出土的艺术品，似乎没有根源……当然，这是不可能的，因为人世间一切艺术表现方式，都有根源隐藏在某个地方。

奥梅克文化究竟从何形成，又如何衰亡？这些历史学家都无从回答，而刻在石头上的日历以及历史，就更难解释了。总之，奥梅克文化隐含着诸多未知数，对它的了解和研究刚刚开始，科学家们不知又要进行多么漫长的努力，才能解开它的谜。

神秘的遗址和奇异的雕刻品

◉ ◉ ◉ ◉ ◉ ◉ ◉ ◉ ◉ ◉ ◉ ◉ ◉

挖掘崔斯萨波特遗址的美国考古学家马休·史特林，在拉文达积极展开过考古工作。碳−14鉴定的结果显示，公元前1500年到公元前1100年之间，奥梅克人定居在这里，持续占有这块土地，包括托纳拉河东岸沼泽中的一座岛屿，直到公元前400年左右才突然消失。就在那个时候，建筑工程骤然中止，已有的建筑物全都被刻意破坏或摧毁，好几尊巨大的人头雕像和其他较小的雕刻品，被隆重地埋葬在奇特的坟墓中，一如他们在圣罗伦佐所做的那样。拉文达的坟墓建造得十分精致，墓室用成千上万的蓝色细砖砌成，墓顶铺着一层又一层五颜六色的黏土。在其中一个地点，奥梅克人从地上挖掉约为425立方米的泥土，制造一个深坑，然后在坑洞底部铺上蜿蜒曲折的石块，再把泥土填回去。考古学家还发现埋藏在数层泥砖和数层黏土底下的三处镶嵌拼花图案。

拉文达的主要金字塔矗立在遗址南端，底部略呈圆形。整座塔模样看起来像一个有凹槽的圆锥，塔身有十道垂直隆起的脊骨，中间有沟槽。这座金字塔高30米，直径几乎为0.6米，总体积大约在8495立方米左右，无论从哪一种标准来衡量，它都称得上建筑史上一大巨构。整个遗址中间有一条轴道，几乎达0.5千米长，指向正北偏西8度的位置。轴道两旁井井有条地配置着好几座小金字塔、广场、平台和土墩，总面积超过3平方英里。

拉文达遗址弥漫着一种诡谲、冷漠的气氛，没有人真正晓得它当初的作用。考古学家管它叫"礼仪中心"——也许这就是它当初的功能吧。然而，仔细观察，人们不免怀疑它还具备其他功用。说穿了，人们对奥梅克人的社会组织、礼仪和信仰体系几乎一无所知。人们不知道他们用哪一种语言，也不知道他们遗留给子孙的是怎样一种传统。人们甚至不知道，他们到底属于哪一个种族。墨西哥湾地区的气候闷热而潮湿，使奥梅克人的骨骼难以保存到今天。尽管人们赋予奥梅克人各种名称，对他们有各种特定的看法，事实上，这个民族对人们来说仍旧是一个大谜团。

甚至有这么一种可能，"他们"遗留下来的谜样雕刻品——人们假设那是他们的自画像——根本就不是"他们"制作的，而是出自另一个更古老的、已经被遗忘的民族之手。

果真如此，那么，当我们使用"奥梅克人"这个称谓时，我们指的到底是谁呢？是指金字塔的兴建者？抑或是指那些体格健壮、相貌威严，具有黑人五官特征，为巨大人头像提供原型的神秘客呢？

幸好，总共有大约50件"奥梅克"雕刻品，包括三尊巨大的人头雕像，被本地诗人兼历史学家卡洛斯·裴里瑟·卡玛拉从拉文达废墟抢救出来。

整体来看，这些雕刻品可以说是一个已经消失的文明遗留下来的无比珍贵、无可替代的文化记录，甚至是现今存在的唯一记录。可是，没有人懂得如何解读这些记录蕴含的玄机。

在拉文达出土的有一幅非常精致的浮雕，考古学家管它叫"蛇中人"。根据专家的解释，这幅浮雕描绘的是"一个奥梅克人，头上戴着冠饰，手里握着檀香袋，整个身体被一条羽毛蛇缠绕住"。

这幅图像雕刻在一块1.2米宽，1.5米高的花岗石上。图中那名男子坐着，伸出双脚，仿佛在踩前面那块踏板。他右手拎着一个形状像小水桶的器物，左手似乎在操纵某种交通工具的排挡杆。他头上戴的"冠饰"形状怪异，结构复杂。它不仅仅是一项仪式用的礼帽，应该还有某种实用的功能，虽然我们也说不出它到底有什么实际用途。

这幅浮雕的另一个主要角色——"羽毛蛇"，是一条身上长翎毛或羽毛的大蛇。羽毛蛇是奎札科特尔的象征，历史十分悠久，因此，我们可以推测，奥梅克人也膜拜（或至少接纳）这位神祇。

这幅浮雕所描绘的羽毛蛇却具有一种独特的气质。现在看来，它不仅仅是一个宗教象征，它那僵硬、严谨的姿态使它看起来几乎像一架机器。

奥梅克人头雕像是诗人卡玛拉从拉文达废墟抢救出来的。它呈现出一个老人的脸庞，鼻子宽阔平扁，嘴唇肥厚，露出两排坚实、整齐的牙齿。老人脸上的神情流露出一种古老的、深沉的智慧。两只眼眸凝视着，无畏无惧，一如蹲伏在埃及基沙的那只人面狮身巨兽。

它用一整块玄武岩雕凿而成，圆周为6.6米，高几乎为2.4米，重达19.8吨，整张脸孔鲜明地呈现出"具体真实的种族特征"。这尊人头像显露的五官特征，毫无疑问是属于黑人的。

奥梅克人头雕像

奥梅克人头雕像呈现出一个"真实的"黑人，在五官的描绘上极为精确。这些体格健壮、相貌堂堂的非洲男子如何出现在3000年前的中美洲，学者至今仍说不出一个所以然来。我们也无从判断，这些人头像究竟是不是在3000年前雕刻的。在同一个坑洞中，考古学家也发现了木炭屑。通过碳－14鉴定，他们只能测出木炭屑的年代。推算雕像的真正历史，过程复杂得多。

怀抱着这样的思绪，漫步在拉文达废墟奇妙的雕像间，它们仿佛在悄声倾诉远古的秘密——蜷缩在机器中的那个男子的秘密、黑人人头雕像的秘密……最重要的是，一个活生生的传奇所蕴含的秘密。奎札科特尔这位传说中的神祇，说不定是活生生的真实人物，因为，在拉文达废墟出土的雕像中，除了五官具有黑人特征的那些外，还有一些雕像呈现出白种人特有的容貌：高鼻深目，身材颀长，满脸胡须，身穿长袍……

神秘崛起的奥梅克文明

奥梅克文明的历史，可追溯到公元前2000年，但是在阿兹特克帝国崛起之前1500年，这个古文明就已经消失。不过，阿兹特克人倒是保存了很多有关奥梅克人的动人传说，甚至称呼他们为"橡皮人"，根据传说，他们居住在墨西哥湾沿岸的橡胶生产地区。今天，这个地区的位置，介于西边的维拉克鲁兹港和东边的卡门城之间。在这儿，阿兹特克人发现奥梅克人制造的一些古代仪式用品，不知什么原因，他们将这些器物供奉在自己的庙堂上，十分崇敬。

科泽科克斯河注入墨西哥湾的地方，正是传说中奥梅克人的家乡。

"科泽科克斯"这个地名的意思是"蛇神的避难所"。相传远古时代，奎札科特尔和他的门徒就是在这儿登陆墨西哥，他们搭乘"船身光亮得有如蛇皮一般"的船舶，从地球另一端渡海而来。也就是在这儿，奎札科特尔登上一艘"蛇筏子"扬帆而去，从此离开中美洲。

科泽科克斯西边的崔斯萨波特城、南边和东边的圣罗伦佐城和拉文达城，无数典型的奥梅克雕刻品相继出土。这些文物全都是用整块玄武岩或其他耐久石材雕凿而成的。有些雕刻的是庞大的头颅，重达30吨；其他是巨型石碑，上面镌刻着两个相貌截然不同的种族（都不是美洲印第安人）相会的情景。制作这些杰出艺术品的工匠，肯定是属于一个精致的、高度组织化的、繁荣富裕的、科技上相当先进的文明。学者们面临的问题是：除了艺术品之外，这个文明没有留下任何东西，让后人探寻它的根源和性质。唯一能确定的是，"奥梅克人"于公元前1500年左右，带着充分发展、高度精致的文化，突然出现在中美洲。

位于科泽科克斯市西南方的圣罗伦佐，正好坐落在奥梅克文化遗迹——"蛇神避难所"的中心。奎札科特尔的神话和传说经常提到这个地方。考古学家使用碳-14鉴定法测出的年代最古老的奥梅克遗址，就是坐落在圣罗伦佐地区。据鉴定，这处遗迹的历史可追溯到公元前1500年左右，然而，在那个时期之前，奥梅克似乎已经发展成熟，而且没有迹象显示，奥梅克文化的发展是在圣罗伦佐地区进行的。

此中一定有玄机。毕竟，奥梅克人曾经建立过相当辉煌的文明，进行过大规模的工程计划。他们发展出高超的技艺，有能力雕琢和处理巨大的石块（他们遗留下的人头像，有些用一整块巨石雕成，重达20吨以上。石材是在图斯特拉山中开采，沿着60英里长的山路运送过来的）。如果不是在圣罗伦佐地区，那么，奥梅克人的先进科技知识和高度组织能力，究竟是在什么地方发源、演进和成熟的呢？

不可思议的是，尽管考古学家一再努力挖掘，在墨西哥，甚至在整个美洲，他们却始终找不到任何征象和证据，显示奥梅克文化曾经有过"发展阶段"。这个最擅长雕刻巨大黑人头像的民族，仿佛从石头里蹦出来，突然出现在墨西哥。

玛雅的历法之谜

◉ ◉ ◉ ◉ ◉ ◉ ◉

在关于玛雅文明的传说中，像奎札科特尔这样的神灵，是作为大传教士、律师和法官，以及大科学家和农艺师，来到玛雅人中间的。他既然怀着善良的愿望普度众生，那么他肯定也会教给贫困而愚昧的玛雅先民，如何使用轮子，制造车辆，以摆脱肩挑步行之苦。然而，考古学家从未在历史的土层下发现玛雅人使用过车辆和轮子。这又是一个悬而待解的谜案。

按照常理来说，任何民族对外部世界的认识都必须和他们的生产方式相一致。否则，问题将很难理解。

世代居住在尼罗河畔的古埃及人对这条河流的汛期了如指掌，这是因为他们的耕地不仅需要河水灌溉，河水还能带来大量可以充当肥料的淤泥。久而久之，尼罗河沿岸居民便在观察河水与星相中，摸索出一套以星相预测汛期到来的办法。

墨西哥城外的特奥帝瓦坎大金字塔，所有建筑的布局均依照星宿的位置排列。

考古学家们说，玛雅人的历法也是世界上最精确的。在彻琴伊特扎、提卡尔、科潘和帕伦克等地，巨大的建筑物都是按照令人难以置信的玛雅历法营造的。玛雅人建造金字塔并非出于自己的需要，他们建造神殿也并非出于自己的需要。他们建造神殿和金字塔，依照历法规定每隔52年必须在建筑物上造出数目固定的阶梯。每一块石头都与历法有着相应的联系，整个建筑与天文学的要求是要相符合的。

玛雅人的历法究竟精确到什么程度？请看他们当时采用的记载年代的时程单位：

20金：1兀纳（即20天）

18兀纳：1佟（即360天）

20佟：1伽佟（即7200天）

20伽佟：1巴伽佟（即144000天）

20巴伽佟：1皮克佟（即2880000天）

20皮克佟：1卡巴拉佟（即57600000天）

20卡拉巴佟：1金奇拉佟（即1152000000天）

20金奇拉佟：1亚托佟（即23040000000天）

除了"佟"和"兀纳"采用18进位之外，其他时程单位均为20进位。

玛雅人认为一个月（兀纳）等于20天（金），一年（佟）等于18个月（兀纳），再加上每年之中有5个未列在内的忌日，一年实际的天数为365天。这正好与现代人对地球自转时程的认识相吻合。玛雅人除对地球历法了解得十分精确之外，他们对金星的历年也十分了解。金星的历年就是金星绕太阳运

行一周所需的时间，玛雅人计算出金星历年为584天，而今天我们测算金星的历年为584.92天，这是个非常了不起的数字。几千年前的玛雅人能有如此精确的历法，这意味着什么呢？

在社会和生产的实践中，绝大多数的民族根据手指的数目，创造了10进位的计数法。而玛雅人非常古怪，他们是根据手和脚20个指头的启发，创造了20进位的计数法，同时，他们还使用18进位计数法，这个计数法受何启发，根据何在呢？没有人能够回答。还有，玛雅人是世界上最早掌握"0"概念的民族。要知道数学上"0"的被认识和运用，标志着一个民族的认识水平。玛雅人在这方面的才能比中国人和欧洲人都早很多年。

玛雅人依照自己的历法建造的金字塔，实际上都是一种祭祀神灵并兼顾观测天象的天文台。

位于彻琴的天文台是玛雅人建造的第一个，也是最古老的天文台。塔顶高耸于丛林的树冠之上，内有一个旋梯直通塔顶的观测台，塔顶有观测星体的窗孔。其外的石

墙装饰着雨神的图案，并刻有一个展翅飞向太空的人的浮雕。这一切，令人遐思万千。

如果你还知道玛雅人在当时竟然知道天王星和海王星的存在，你不感到惊讶吗？他们的彻琴天文台的观天窗口不是对准最明亮的星体，而是对准银河系之外那片沉沉的夜幕。他们的历法可以维持到四亿年之后，其用途究竟有何用意？另外，他们是从何处获悉并计算出太阳年与金星年的差数可以精确到小数点之后第四位数字的呢？

很明显，这一切知识已经超过了农耕社会的玛雅人的实际需求而令人不可思议。

既然超出他们的需要，就说明这些知识不是玛雅人创造的。那么，又是谁把这些知识传授给玛雅人的呢？在那个全世界各民族仍处在蒙昧的年代，又有谁掌握了如此先进的知识呢？

古印度文明的毁灭谜案

◎ ◎ ◎ ◎ ◎ ◎ ◎ ◎ ◎

在印度河流域文明神秘地消失后200年，也就是公元前16世纪初，印度次大陆才又跨入一个新的文明时代，人们通常称之为"吠陀时代"。这样，在印度河流域文明和吠陀时代之间出现了一个"黑洞"，既无文字记载，又缺乏考古材料，真可谓一片混沌。于是，一些历史学家干脆把这个时期称为印度史上的"黑暗时代"。

印度河文明衰落之后，是否真的销声匿迹，就像一缕青烟消失在空中那样？多少年来，为了使这个"黑暗时代"重现光明，考古学家的足迹几乎踏遍了印度——巴基斯坦的原野。功夫不负有心人，在他们的努力下，印度河流域文明晚期的遗址一个接一个地被发掘出来，"黑暗时代"的轮廓越来越清晰地显示出来。

考古学家们根据大量的考古材料指出，在印度河文明衰落时期或以后，一系列地区性的文化在印度——巴基斯坦出现了。这些文化呈现出多样化的色彩，其中有印度河流域文化以前的传统，有印度河流域文化成熟时期的传统，有印度河流域文化退化时期的传统，也有外来因素的影响。

20世纪40年代，考古学家们在印度西北部的旁遮普发现了一座墓地，被称为"H墓"。当时就有人认为它属于"后哈拉帕文化"，但未引起重视。20世纪60年代，有学者对这个墓地做进一步研究，指出H墓地的居民在文化上和种族上似乎与哈拉帕人相去不远。

洛塔尔是另一个晚期印度河流

域文明遗址，位于印度西部古吉拉特邦，考古学家在这个遗址中发现了一种红色磨光陶器，有的学者认为此种文化可能为印度河文明毁灭后，逃经古吉拉特的哈拉帕难民创造的，因为这种陶器与哈拉帕陶器不仅在地理分布上相同，而且这两种文化在各方面都有相似之处。

最近，考古学家又在德里附近发现了"后哈拉帕文化"的遗址，其中有许多晚期哈拉帕的陶器。诸如此类的遗址还有很多，且都主要分布在印度河的东部和南部。说明印度河流域文明毁灭后，这里的人民带着他们的技术和知识逃往上述地区。但是，无论如何，它们也只能是哈拉帕文化的余晖，已难与昔日繁荣昌盛的哈拉帕文化相媲美，从文化发展上讲，则是历史的中断、倒退！

印度河流域文明究竟是怎样毁灭的，现今仍然是许多历史、考古和自然学家们所探寻的谜中谜。值得一提的是，一旦哈拉帕文化的印章文字被语言学家们完全释读，将会大大有助于揭开这个谜底，同时，"黑暗时代"也将会重现光明！

古印度文明的毁灭,给人们留下了许多不解之谜

辉煌古城之谜

◉ ◉ ◉ ◉ ◉ ◉

在浩渺的历史长河中，一代灿烂的文明戛然而止。乱石枯坟，记载着多少令人困惑的谜团……

印度次大陆文明的曙光，究竟从何时升起？在20世纪以前，人们一直是从印度——雅利安人进入印度河流域算起，时间大约在公元前14世纪。这样，印度也就难以列入世界文明古国的行列。可是，当人们读到印度最古老的文献——《吠陀经》的一些诗句时，发现雅利安人初侵印度河流域后，曾与原始居民进行过无数次剧烈的战斗，并摧毁了他们的许多城堡。这就不能不使人们产生联想：在雅利安人到达次大陆之前，这里一定曾有过居民、城堡和高度发展的文化。可是，这种文化是什么样子？它是怎样被毁灭的呢？特别是它为什么被毁灭得如此彻底，以致在地面上找不到任何痕迹，从而成为世界史上的千古之谜呢？

历史的迷雾吸引着考古学家的脚步。1922年，印度考古学家来到了印度河下游的一个名叫"摩亨佐"——达罗的土丘。这里有一座古代佛塔的废墟，他原想在这里发掘出有关佛教的遗物，但是，出乎意料，却在此发现了被尘土埋没了几千年的古城遗址。之后，学者们在印度河上游的哈拉巴，又发现了一座与摩亨佐——达罗同时代的古城。两座古城的城址，设计复杂，文物多彩，宛如一幅幅迷人的画卷，使人们看到了作为世界文明发祥地之一的古代印度高度发展的文化。这类古城的文化常常以"哈拉帕遗址"命名，故称为"哈拉帕文化"。

哈拉帕文化的起止时间，说法不一。据M·惠勒的考古断定为公元前2500年至公元前1750年。另据D·P·阿格拉瓦尔把考古和碳－14鉴定相结合，断定为公元前2300年至公元前1750年。哈拉帕文化的分布范围很广，西起苏阵卡根——杜尔(距伊朗东境约40千米)，东达阿拉姆吉尔普尔(德里附近)，北起罗帕尔，南至纳巴达河以南的巴格特拉尔。东西长为1550千米，南北宽达1100千米，其范围比现今的巴基斯坦还大得多。

哈拉帕文化的中心是雄伟、庄严的哈拉帕和摩亨佐——达罗两座城市，它们是上古印度文明的见证。哈拉帕城址位于旁遮普地区拉维河(印度河的支流)的左岸，摩亨佐——达罗城址位于信德省(今巴基斯坦境内)的拉尔卡纳县，靠近印度河的右岸。两座城市大小相等，周长大约都有4.8千米，城市由位于高岗上的卫城（统治者的居住区）和较低的下城（居民区）两部分组成。两座卫城面积相似，哈拉帕卫城围绕以雄伟的砖墙，高达15米，市内占据相当大的面积，像

一座坚固的堡垒；城北有一座大谷仓，还有作坊和两排劳动者的宿舍，据估计，这些宿舍可容纳数百名雇工和奴隶。摩亨佐——达罗的城市建筑规模较哈拉帕略大，遗迹保存最好，是印度河文明的典型城市。卫城的四周有防御的塔楼，中央是一个大浴池，长为10.9米，宽为7米，深为2.4米。浴池的用途，说法不一，或云为沐浴而建，或云为履行某种宗教仪式而建。在浴池的东北有一组建筑群，其中的一座大厅，面积约70×23.8平方米，可能是这一地区最高统治的居住区。在浴池的西面有一个可能作为大谷仓的平台，南面的一组建筑，则可能为会议厅。下城是居住区，规划整齐，主街又宽又直，达10米左右，可以同时并行几辆大车；在街道上，每隔一段距离备有点灯用的路灯杆，便于行人夜间行走。房屋主要用红砖砌成，房屋大小、高低和设备很不一致，有十几间的楼房，也有简陋的茅屋，在富人区还有用烧砖砌成的完善的排水设施，这些说明当时的阶级分化已经十分明显。总之，两座城市的规模都很

大，总面积都约有85万平方米，其居民数，据学者估计，各自都有35000人左右，两城所保留下来的文化遗物，丰富多彩，在这里，既有刻着文字、图画的精美印章，还有计量重量的石头砝码、计算长度的介壳尺和青铜杆尺，也有金银珠宝、象牙装饰以及各种青铜工具、武器等。这些令人惊叹的文物，显示出上古印度人民高度的创造才能。光辉灿烂的哈拉帕文化是举世罕见的，它表明印度河流域当时已具有高度的文明。

然而，就是这样灿烂的文化在兴旺发达了几个世纪后，到公元前1750年，却突然衰毁，有些地区，如摩亨佐——达罗则遭到巨大的破坏。从此印度河流域哈拉帕文明之光熄灭了。

难以寻觅的建塔人

在古代世界有"七大奇迹"，埃及的金字塔被誉为"七大奇迹"之冠。埃及共发现金字塔80座，其中最为壮观的一座叫"胡夫金字塔"，它建于公元前2600年左右，高约146.5米，塔基每边长为232米，绕一周约1千米，是人类有史以来最大的单个人工建筑物。时近五千年，经历了多少个世纪的风风雨雨，它仍傲视长空，巍峨壮观，令人赞叹！

胡夫大金字塔耸立于开罗以西十千米外的基沙高原。那里荒沙遍地、碎石裸露，是一片不毛之地。在这种地方修筑这样一座显然并非出于实用目的的建筑，设计者的目的究竟是什么？据研究，这座金字塔可以在风沙弥漫中继续存在十万年而不会损坏，这个时间结束以前

人类文明可能已经不复存在了。

20世纪20年代以来，大批科学工作者来到埃及。他们以诧异的眼光，望着这座庞然大物。古代埃及人如何把石块雕凿并砌成陵墓，陵墓内部的通道和墓室的布局宛如迷宫，古代埃及人究竟是用什么办法设计它的呢？陵墓的通道倾斜深入多层地下，石壁光滑、刻以精美华丽的浮雕，令游人叹为观止，但谁也弄不清古埃及人如何掌握如此精湛的挖掘雕刻技巧，不知他们运用怎样精良的加工工具。要知道4500年前，那时候人类尚未掌握铁器。

令专家们更不可思议的是建造这座金字塔，需要多少劳动力？据估计，建造金字塔时，埃及当时的居民必须是5000万人，否则难以维持工程所需的粮食和劳力。当专家

看起来简单的金字塔，却似有着天外科技

翻开历史的册页时，便发现问题更难以让人理解了，公元前3000年全世界的人口只有2000万左右。

进一步研究的情况还表明，众多的劳动力必须在农田上耕耘，以保证旷日持久的工地上有足够的粮食。他们都要吃饭。而地势狭长的尼罗河流域所能提供的耕地，似乎不足以维持施工队伍的需求，这支施工队伍少则几十万人，最多时可达百万人之多，他们之中不仅要有工程人员、工人、石匠，还要有一支监护工程施工的军队、大批僧侣，以及法老们的家族。单靠尼罗河流域的农业收成，绝不能满足工程的需求。

令人迷惑之处还在于古埃及人用什么运载神殿所需的巨大石料。传统的看法认为，古埃及人利用滚木运输，这种最原始的办法，固然能将庞大的石料运抵工地，但滚木需要大树的树杆才能做成，尼罗河流域树木稀少。在尼罗河岸分布最广、生长最多的是棕榈树，但因为棕榈树的果实是埃及人不可缺少的粮食来源，棕榈树叶又是炎热的沙漠中唯一可以遮阳的材料。大规模砍伐棕榈树，埃及人等于在做自杀的蠢事。所以，古埃及人不可能大片砍伐棕榈树，而且质地松软的棕榈树干是无法充当滚木的。

那么，埃及人很可能从域外进口木材？提这样设想的人并没想到，从外地输入木材就意味着古埃及人拥有一个庞大的船队，渡海将木材运抵亚里山大港后，还得溯尼罗河而上，将木材转运到开罗，从开罗装上马车送到工地。且不说4500年前埃及人是否拥有庞大的船队，光说陆途运输的马车，还是在金字塔建成后的900年，才出现在埃及的土地上。

据测算，大金字塔是由260万块每块重约10吨的石块堆砌成的。塔身的石块之间，没有任何水泥之类的粘着物，历经4500年的风风雨雨，其缝隙迄今仍相当严密，一把锋利的尖刀都难插入。如此精湛的工艺，出自4500年前古埃及的工匠或奴隶之手，的确叫人难以置信。

其次，认为金字塔仅仅是埃及法老陵墓也同样是让人难以接受的。暂且不说这260万块巨石如何采掘，单说把它们堆砌起来就是一件难以想象的事情。如果每天筑砌10块巨石，那么，完成这个建筑所需的时间为260万天，即700年的时间。我们还可以加速工程的进程，如果每天筑砌100块巨石，那么，完成这个建筑所需时间为26000天，即70年。如此简单的数字，相信埃及法老们可以算得出来，那么，他们为什么要建造这个自己无法享用的陵墓呢？我们无法知晓。

木乃伊之谜

◎ ◎ ◎ ◎ ◎

相传古埃及在很久以前，有一位本领超凡的法老，名叫"奥西里斯"。

奥西里斯教给人们种地、做面包、打井、酿酒、开矿的技能，使人们的生活水平大大提高，人们非常崇敬他。但奥西里斯的弟弟塞特对此十分妒忌，阴谋杀害哥哥，夺取王位。

某日，塞特请奥西里斯吃饭，找了很多人作陪。吃饭时，塞特指着一只漂亮的大箱子对大家说："谁能躺进箱子，这个箱子就送给谁。"奥西里斯在人们的怂恿下躺进箱子一试，他完全没想到，自己刚一倒进箱子，箱子就被塞特关上，并加上大锁，被扔进尼罗河里去了。

奥西里斯遇害之后，他的妻子四处奔波，终于找回他的遗体。塞特知道此事，又偷去奥西里斯的尸体，剁成14块，分别扔在各处。奥西里斯的妻子又从各地找回了丈夫遗体的碎块，悄悄掩埋。

后来，奥西里斯的孩子长大成人，打败了塞特，为父亲报了仇，又把父亲的碎尸从各地挖出来，拼凑在一起，做成木乃伊。奥西里斯的遭遇感动了神，后来在神灵的帮助下，奥西里斯复活了。不过，他虽复活，但不能重返人世，而是留在阴间，做了阴间的法老，专门审判惩处坏人，保护好人。

这个传说的内容无非是为了表达惩恶扬善的主题，只是个神话而已。但埃及自上古时期就风行"木乃伊"葬俗，这倒是历史的真实。

据研究，受这个神话的启发，每一个法老死后，都要把奥西里斯的神话表演一番，首先举行寻尸仪式，随后举行洁身仪式，把死者遗体解剖开，把内脏和脑髓取出，然后将其浸入一种防腐液中，除掉油脂，泡掉表皮。待70天之后，再把尸体取出晾干，将各种香料填入体腔，外面涂上树胶，以防止尸体与空气接触，最后用布将尸体一层层裹扎起来。这样，一具经久不腐的木乃伊就做成了。遗体安放之前，还要举行神秘而隆重的念咒仪式，为木乃伊开眼开鼻，把食物塞进它的嘴里。据说，这样它就能像活人一样呼吸、说话和吃饭了。最后

举行安葬仪式，把木乃伊装入石棺，送入他永久的居住地——金字塔里。

如此处理尸体，未免显得过于残酷。如果不是认为这样可以防止尸体腐烂，待神灵降临之际能够唤回死者灵魂与肉体的复活，古埃及人绝不会干这种蠢事的。

世界上许多民族都懂得尸体防腐术，这正是基于他们深信灵魂可以复活。那么，谁来使他们的遗体复苏呢？答案只有一个——神灵。然而，又是谁赋予他们这种超度死亡的转世观念呢？是古代某位法老

据说金字塔是存放木乃伊的坟墓

突发奇想心血来潮的偶然想象，还是他们之中某位法老亲眼看见神灵唤醒过某位死者而由此得到启发？

远古的事情的确难以料知。但在科技发达的今天，保存尸体和唤醒生命，不仅显得那么平常，而且可行的手段又是那么的多。低温冷冻可以保持生命的鲜活，并使之暂时进入一种休眠状态；细胞组织不仅可能复制生命，甚至还能源源生产。

当1963年美国俄克拉荷马大学

木乃伊的制作有着繁复的工序

的生物学家郑重宣布，故逝几千年裹于木乃伊之中的埃及公主美妮的皮肤细胞还有活力时，全世界都为之震惊。这也就是说，运用现有的细胞克隆技术，我们可以在不久的某天唤醒美妮公主。

由此看来，埃及法老们相信转世再生绝非荒诞不经的想法，只是我们对他们太缺乏了解。

因此，考古学家曾用激动不已，甚至战战兢兢的口吻告诉我们以下事实：

1954年，美国科学家在埃及萨卡拉地区，发现了一座从未被盗的坟墓，墓中的金银财宝依然完好，在黑暗中炽炽有辉。牧科尼姆教授带领考古人员，正式撬开滑动的、但不可拆卸的石棺盖时，他们惊讶地发现，棺内空无一物。

难道，木乃伊长了翅膀，飞起来了吗？

难道，安葬者把大批财宝放进修得富丽堂皇的陵寝时，突然忘了放进死者？

1955年，在距蒙古国边界不远的地方，发现了库尔干五世的坟墓。人们大为惊叹地发现，整个墓室堆满了长年不化的冰块，墓中所有的随葬物品均保持着完好状态。一对全身赤裸的男女安眠于冰块之中，宛似活人。他们神态安详，仿佛随时都愿意重返人间。

当你听到这些时，千万不要惊慌。因为在美洲安第斯山脉有冰坟，在西伯利亚有冰川坟，在北非和南非均发现过木乃伊。这些冰坟主人的身旁，放着珍宝和供来世所需的一切物品，所有这些坟墓都设计得精美异常，牢固难破，历千年风雨，依然坚如磐石。

不是把转世再生的希望寄托于神灵帮助的民族，是不会如此认真地保存尸体的。

那么，"神灵"又是谁呢？

神秘的阴暗甬道

在金字塔上坡通道的顶端，有一个让人无法解释的谜题，也就是被称为"古王国残留最伟大的建筑"的大甬道了。这一条继续以26度角往上延伸，最后几乎消失于上方幽暗大走廊，屋顶呈承梁式的圆顶结构，令人印象深刻。

进入大甬道中，有一条往南的平行岔路，1.1米高，39米长，可通往王后殿。

1993年3月，有一位德国的机器人专家鲁道夫·甘登贝林开始在里面狭窄的空间工作。他受雇于埃及考古厅，整天小心翼翼地操作着一台价值为25万美元的高科技遥控迷你机器人乌普瓦特，在南侧狭窄的通气孔(因古埃及学者相信那是一个让空气进出的洞穴而得名)附近清除瓦砾。3月22日，乌普瓦特赫然发现陡峭的通风孔(斜度达39.5度，但仅有0.24米高，0.27米宽)往上行60米左右后，斜坡道的表面突然变得非常光滑。经调查发现，乌普瓦特进入的这个段落，表面材质为美丽的土鲁石灰岩，通常只用来装潢教堂、王墓等神圣的场所。仅这一点便已令人感到惊异万分，而当乌普瓦特走到这条斜坡道的尽头时，意外地发现，在石堆中，竟有一道坚硬的石灰岩大门，上面连金属的附件都一应俱全……

王后殿有两条气孔，一条在南侧，一条在北侧，但令人感到奇妙的是，这两条号称为气孔的通道，并没有出口可通往金字塔外。不知道什么原因，当时的建造者故意没有将气口的末端凿开，保留下最后0.15米的石头，使得一般的入侵者

永远看不见，也无法进入这一条空气的通道中。

为什么？为什么要将通气孔做得让人找不到呢？是建造者想故布迷阵，有意让后人有一天，在他们设想的正确状况下，找到这两条通路吗？

毕竟，从一开始，人们便发现，王殿有两个非常明显的通气孔，贯穿金字塔南北的墙壁。建筑这个金字塔的人一定预想到，总有一天世人会想到王后殿也应该有通气孔，并开始搜寻。从公元820年玛门打开大金字塔之门后，有1000年左右的时间，都没有人能想到这个问题。直至1872年，才有一位英国工程师韦恩曼·狄克森，开始怀疑"王殿既然有通气孔，那么王后殿也应该有才是"。他敲击王后殿的墙壁后，果真发现了两条通道。首先打开的是南面的通气孔，他要"木匠兼万事通的手下比尔·格伦迪，手持铁锤和锯子跳进洞穴，开始挖掘、前进。意志坚决、认真果断的格伦迪，起初工作尚称顺利，很快便凿开了前面比较软(石灰岩)的石头。但是，糟了！没有敲打几

下，格伦迪连锯子都被卡在石头里，怎么也进不去了"。

把格伦迪的锯子卡住的是一条"长方、平行、筒状的隧道，仅有0.27米宽，0.24米高。从墙壁往内伸2.1米后，便开始以陡峭的角度向上，进入未知、黑暗的远方……"

从狄克森探险后的221年，甘登贝林终于用机器人，走进那未知、黑暗的陡坡，利用最新的科技，满足了从1872年以来从未减弱的人类窥视本能。遥控机器人的照相机捕捉到的许多有趣镜头中，有一个尤其令人感兴趣的是，在这通风口的末端，有一条19世纪制作的长金属棒。这显然是狄克森与他忠心耿耿的部属格伦迪秘密探测通风口的证据。想必，他们当时以为金字塔的建造者既然费了这么大的劲建造起一条通风口，又将它堵死，必定会在里面隐藏一些重要的、值得搜寻的东西，才会如此不遗余力地想要凿开那通风口。

如果一开始人们便假设冥冥中有一种预设的力量，促使搜寻者行动，而让搜寻者万般努力后，发

现通道其实只是死路一条的话，那么这个假设便毫无意义了。还好，在搜寻活动遭遇到瓶颈时，甘登贝林果然又发现了一扇门，而且还是一扇铁闸吊拉门，不但金属附件俱全，门的下方还有一个令人感到迷惑的沟槽。从乌普瓦特照回来的影像，我们看到一个通向更深、更远、看不到底的黑洞……

通道内部的平均高度为1.17米，但也因地点而略有出入。顺着通道往正南33米，也就是离王后殿入口4.5米的地方，路面陡然朝下，通道因此也就拉高至1.74米。没有人能够合理地解释这个怪异构造的意义。

王后殿显然从建成的那一天开始，里面便空无一物。房间南北长为5.16米，东西长则为5.43米，屋顶高度达6.15米，采用东西向山形墙的搭建方式，正与金字塔的东西轴平行，但地板不但说不上优雅，几乎可称处于尚未完成的状态。墙壁上灰白、粗糙的石灰岩板之间，仍不时地渗出盐分。许多人曾经做过各种猜测，最后都不了了之。

南北面的墙壁上，至今还残留着一块四方形痕迹。据说，1872年，狄克森发现从这里有一条通道，直达神秘通风孔的无尽黑暗。西面的墙壁上什么都没有。东面的墙壁中线靠南0.6米的地方，则有一座4.62米高，底座1.56米宽，呈内凹的圆钟形神龛。原来神龛的深度为1.05米，但在中世纪阿拉伯人进来寻宝时，为寻找宝藏间而向里挖掘，但也没有找到任何东西。

古埃及学者对这个墙壁上凹洞的功能，王后殿建造的目的，一直未能提出一个有力的说法。

同样地，大甬道不但是一个大谜团，更是大金字塔内令人不解之处最多的谜团。从2.07米宽的地板向上测量，墙壁的高度为2.28米。在墙线之上，为7层石块(每块格子向内伸展10厘米)，使得天顶逐渐合拢，而至最高的屋顶处，通道宽度只剩1.05米，而高度则升至8.4米。

前面已经说过，大甬道需要永远地支撑住这个地球上最大的石材建筑上方2/3的重量。被认为"在技术上相当原始"的古埃及人，竟然能够在4500多年前便构想、设

计，并成功地建造起这样一个重量以百万吨计算的伟大建筑物，难道不令人感到惊异吗？

假设埃及人选择把大甬道盖在平地上，长度不超过6米，以当时的技术而言，就已够困难了。但埃及人还为自己出难题，将甬道以26度斜角，盖了足足45.9米长，还用巨型的平行四边形的磨光石灰岩板，铺陈在墙壁上，且石板接缝之紧密，非一般肉眼可以分辨出来的。

更令人感到意外的是，金字塔建造者在建筑时，使用了一些非常有趣的对称概念。例如，大甬道的屋顶宽度为1.05米，地板的宽度则为2.07米。沿着整个大甬道的地板中线，有一条0.6米深，1.05米宽的沟槽，而在沟槽两边，则各为一条0.54米宽的石板斜坡道。这一条沟槽的作用为何？为什么正好与屋顶同宽，使得上下看起来非常对称

呢？从下往上看，屋顶的两旁覆有石块，看起来就像一条沟渠。

理论上埃及人在建造金字塔时，还处于刚从狩猎式生活中脱离不久的新石器文化时代，他们能够成就如此复杂的工程，着实令人难以想象。

沿着0.6米宽的中央沟槽中，近代人在地上用木头铺设了一个地板，再加上扶手，使得上行已不是什么困难的事。但是在古代，石灰岩的地板经打磨后，非常光滑，而向上的坡度又有26度之陡，平常人几乎无法走在上面。

那么他们要上去时是怎么攀爬的呢？曾有人爬上去过吗？

远方大甬道的尾端，可模糊地看到"王殿"的入口，顶立在昏暗中，对所有前来参谒但心中充满疑问的旅人招手。

埃及艳后克里奥帕特拉
◉ ◉ ◉ ◉ ◉ ◉ ◉ ◉ ◉
自杀之谜
◉ ◉ ◉ ◉

克里奥帕特拉七世是埃及国王托勒密十二世和克里奥帕特拉五世的女儿，生于公元前69年，从小在宫廷中长大。她是马其顿人的后裔，美貌出众，姿色超群。

公元前51年，托勒密十二世去世，按照遗诏和当时法律规定，21岁的克里奥帕特拉和比她小6岁的异母弟弟结成夫妻，共同执政。由于在宫廷斗争中失败，公元前48年，她被其弟逐出亚历山大城。她野心勃勃，在埃及和叙利亚边界一带招募军队，准备回埃及跟弟弟争夺王位。

此时，适逢恺撒追击其政敌庞培来到埃及，他以罗马国家元首的身份，对埃及王位之争进行调停。在此过程中，克里奥帕特拉的一个党人想出了一条巧计：把女王包在毛毯里，然后派士兵化装成商人，把女王抬到恺撒的行馆。当时恺撒还以为是行囊，打开一看，使恺撒又惊又喜，出现在他面前的竟是一位具有维纳斯女神般的黄金身段、妩媚绰约的风姿、甜美艳丽的女子——克里奥帕特拉七世。恺撒立刻为她的美貌所倾倒。两人一见钟情，成为后人津津乐道的国际政治佳偶。

克里奥帕特拉夜闯军营的"壮举"，后来自然得到了满意的回报，她成了大权独揽的埃及女王。不久，克

里奥帕特拉为恺撒生下一子，取名为
"托勒密·恺撒"或"恺撒·里昂"。

公元前47年9月，恺撒在平定
小亚细亚的战乱和庞培余党后，回
到罗马，但他无时无刻不思念克里
奥帕特拉七世。公元前45年，克里
奥帕特拉七世就应恺撒之邀来到罗
马。当她进入罗马城时，恺撒亲自
去迎接，同时也轰动了整个罗马上
层社会，一些罗马达官贵人都以瞻
仰艳后的风姿而感到荣幸。据说，
连一代高士西塞罗也来到艳后面前
顶礼膜拜。不料恺撒于公元前44年
3月15日被刺身亡，她怅然离开了
罗马。

恺撒死后，安东尼称雄罗马。
当他巡视东方殖民地时，在小亚细
亚的塔尔索马城，派人传达召见女
王的命令。为了取得这位新贵的欢
心，她刻意将自己打扮起来，显示
出动人心魄的魅力。这位早在罗
马时已使安东尼垂涎欲滴的美人，
很快便投入了他的怀抱。安东尼毅
然放弃了他到东方的使命，乘坐女
王的豪华游艇，一起回到了亚历山
大城。从此，他俩如胶似漆，恩爱
非凡，在埃及王宫厮混了漫长的五

年。这期间，安东尼也曾回过一次
罗马。为了政治需要，他违心地与
政敌屋大维的姐姐成婚，但不久便
找到借口回到东方，遗弃了他的妻
子，与克里奥帕特拉举行了婚礼。

这种违反罗马婚俗的举动，自
然遭到了舆论的谴责，加上他擅自
将罗马帝国在东方的大片殖民地，
送给了被他尊奉为"众王之女王"
的克里奥帕特拉，这就更加激起了
罗马人的愤怒。在屋大维的煽动
下，罗马元老院和公民大会，撤销
了他的执政官职务，并剥夺了他的
一切权力。

公元前31年，安东尼与屋大
维会战于阿克提乌姆海角。从实力
看，双方各有优劣，不相上下。然
而，正当酣战之际，克里奥帕特拉
突然命令她的舰队退出战斗，结果
使安东尼海军阵容大乱。当此胜败
存亡的紧急关心，身为全军主帅的
安东尼，一看见艳后已率舰逃跑，
居然丢下为自己血战的10万将士，
乘一只小船追赶艳后而逃亡埃及。
一年后，屋大维兵临埃及，由于埃
及军队叛变，安东尼见大势已去，
解下披甲，抽出佩剑，结束了自己

的生命，时年52岁。

克里奥帕特拉被屋大维生俘后，她还抱着一丝幻想，想以美色再次迷惑屋大维，但没有奏效。一天，当她得知她将作为战利品被带到罗马游街示众的消息后，便恳求屋大维让她为去世的安东尼祭奠。她写了自己的遗书。沐浴后，用了一顿丰盛的晚餐。此后，便怅然地进入自己的卧室，安详地平躺在一张金床上，从此再没有醒来。

慌忙赶到的屋大维展开了她的遗书，女王恳求让她与安东尼埋葬在同一墓穴里，词情恳切，哀婉动人。屋大维对她的自杀虽然感到失望，但不能不钦佩她的伟大，便下令将她的遗体安葬在安东尼身边。

克里奥帕特拉女王自杀了。这位绝代佳人的死，不仅给后人留下了许多脍炙人口的佳话，而且为古今中外史学家留下了一个至今不解之谜：她究竟是用什么方法自杀的呢？

传统观点认为，女王事先安排一位农民带进墓堡一只盛满无花果的篮子，里面藏有一条叫"阿斯普"的小毒蛇，让它咬伤了自己的手臂，导致中毒昏迷而死。或者是，女王早就把蛇喂养在花瓶里，用一枚金簪刺伤它的身体，引它发怒，直到它缠住她的手臂。

另一种意见认为，女王不是死于毒蛇，而是用一只空心锥子，刺入自己的头部所致。

然而，也有不少人反对上述两种意见，因为死者尸体上没有发现有刺伤或咬伤的痕迹，在墓堡中也未找到任何有毒的小蛇。他们认为是服毒而死。

坚持是毒蛇咬死的人根据考证材料提出：墓堡朝向大海的一侧开有一个窗户，受惊的毒蛇是可以从这里溜走的。另外，女王的医生认定，"在她的手臂上，确实有两个不大明显的疤痕。"